*Das 6. Semesterprotokoll, angefertigt von Dr. Wolfgang Ritzel während des Oberseminars „Vom Wesen der Sprache" – Zu Herders Abhandlung „Über den Ursprung der Sprache" abgehalten von Martin Heidegger im Sommer-Semester 1939*

1. Auflage Februar 2016

© Nataly Ritzel, Freiburg im Breisgau 2016
Alle Rechte vorbehalten

Alle Texte © Nataly Ritzel, Freiburg, Germany
www.nataly-ritzel.de
Satz & Layout: Chris Langohr Design
www.chrislangohr-design.de
Umschlaggestaltung: Christian Langohr

All rights reserved. No portion of this book may be
reproduced in any form without the written permission of the Publisher.

Herstellung und Verlag: BoD - Books on Demand, Norderstedt.
ISBN 978-3-7392-1107-7

Biographische Vorbemerkungen — *Seite 5*

Die Übung — *Seite 39*

Anhang — *Seite 98*

Bibliographie — *Seite 132*

Beim Kongress „Heidegger et les juifs" im Februar 2015 in Paris hielt Prof. D. Dahlstrom (Boston) einen Vortrag, der unter dem Titel „Heidegger, Scholem and the Nothingness of revelation" angekündigt war. Der Videovortrag ist auf Youtube unter dem Titel „Colloque „Heidegger et les juifs" – Daniel Dahlstrom et Anthony Steinbock" anzusehen.
Christopher Perrin hielt im Anschluss daran einen Vortrag über eine mögliche Verbindung von „Heidegger et Rosenzweig". Der erscheint in der Seitenliste gleich darauf.

Mir war während des Vortrags von Prof. Dahlstrom ein Buch heruntergefallen und in gewisser Weise, versuche ich, immer noch, es aufzuheben. Womit ich sagen will, dass ich nicht versuche, den Gedankengang der Herren Dahlstrom oder Perrin zu untermauern oder zu widerlegen, oder anderweitig nutzbar zu machen – Aber es liegt etwas in ihren Überlegungen, dass dieses Buch immer weiter von mir wegtreibt.

Um – mein – wohlgemerkt – MEIN Problem näher zu erläutern würde ich gerne auf die Vorlesung Heideggers über Herders preisgekrönte Schrift „Vom Ursprung der Sprache" zu sprechen kommen. Die Schrift Herders entstand 1770, Heideggers Vorlesung im SS 1939 und die Darlegungen von Dahlstrom sind (spätestens) aus dem Jahr 2015 ebenso wie meine „Recherche-Ergebnisse", die noch dazu den Nachteil haben, dass sie auf einem sehr wackeligen Untergrund stehen. Deshalb schicke ich gleich vorweg, dass sich ein Quellenanhang (zitierte Briefe, Tagebücher, unveröffentlichte Jugenderinnerungen etc) hinten am Ende des Artikels findet.
Nun weiß ich natürlich nicht, ob ich mit meiner historisch- fragwürdigen, teils sehr biografischen Vorgehensweise etwas zu der Argumentation und dem Ansatz der beiden Herren beitragen kann – aber ich habe es, vielleicht, in dieser Hoffnung getan.

Doch bevor ich es wage, mich der Philosophie Heideggers zu nähern, möchte ich zuerst die 6.Semestermitschrift lesen. Aus dem einfachen Grund: Ich kenne nämlich – oder besser: ich kannte den Verfasser. Das Seminarprotokoll beginnt auf S. 179 des 85. Bandes der deutsche Heidegger Gesamtausgabe „Vom Wesen der Sprache" mit dem Satz : „Herders Abhandlung über den Ursprung der Sprache ist geleitet von der Einsicht in den Zusammenhang von Vernunft und Sprache, von ratio und oratio."

Mein Hauptproblem, wie ich gleich vorwegnehmen möchte, ist dabei die Persönlichkeit des Schreibers – präziser: die Rekonstruktion seiner Persönlichkeit. Der Protokollant ist Dr. Wolfgang Ritzel. Und obwohl oder gerade weil seine Zusammenfassung von Heidegger angenommen wurde und von den Herausgebern im 35. Band der Heidegger Gesamtausgabe abgedruckt wurde, versehen mit dem Klappentext: „Damit ist Gelegenheit gegeben, neben dem Denker Heidegger auch dem Lehrer über die Schulter zu schauen" - meine ich, dass dieses Protokoll zuviel von der Person des Protokollanten an sich hat und zuwenig von der Ausdrucksweise Heideggers.
Das liegt sicherlich daran, dass mir die Beschäftigung mit Heidegger HINTER dem Protokollanten verschwindet, so wie einer tief sitzenden Kamera das Katheder des Redners aus dem Blick rutscht, verdeckt von einem simplen Schreibpult.
Oder es mag daran liegen, dass der Schatten, den der Lehrer auf den Schüler wirft – in gewisser Weise auch der Schatten ist, in den der Schüler die Lehre seines Lehrers stellt –
Kurz, es geht auch um Heideggers Paideia, um das Höhlengleichnis in einem entfernteren Sinn. Dazu an anderer Stelle mehr.

Doch verglichen mit den Stichworten, die unter Kapitel X. SPRACHE – FREIHEIT – WORT Punkt 60. "Freiheit und Wort" auf S.75 als Stichworte Heideggers, den Ausführungen des Herausgebers zufolge:

*„Das Wesen der Freiheit – aus Wesen der Wahrheit des Seyns; aus dem gleichen Ab-grund: das Wesen des Wortes."*

die hinüberführen in die 6. Mitschrift des Dr. Wolfgang Ritzel:

*„Damit ist aber die Vernunft nicht nur ein von aussen angelegter Massstab – sie ist vielmehr inneres Prinzip menschlicher Wirksamkeit, insofern diese Wirksamkeit im Dienste der Aufgabe des Selbstvollzuges, der Selbstverwirklichung der Vernunft steht."*
*„Mit der Aktualisierung des Selbstbewusstseins, d.h. mit dem bewussten Einschlagen der Richtung aller menschlichen Kräfte auf sich selbst und damit auf den Selbstvollzug der Vernunft ist aber die Freiheit gefordert." S.186*
*„Es ist damit das neue Problem gestellt: In welchem inneren Zusammenhang steht das Wesen der Freiheit mit dem Wesen der Sprache?"*

Scheint mir in diesem Verhältnis von VORTRAG – Zuhören – ABSCHRIFT, das Verhältnis von HÖREN und ABSCHREIBEN mehr von der Ausdrucksweise und der Vorstellungskraft des Wolfgang Ritzel zu enthalten, so wie eine Waage sich, unterschiedlich beladen, zu einer Seite mehr neigen kann. Diese Hinzufügung sagt nichts aus, wenn man von der bildhaften Verwendung des Wortes „abwägen" absieht. Und da ich kein akademischer Leser bin, kein philosophisch geschulter Leser von akademischen Graden ,einerseits ,und aber andererseits – die Skizzen, Stichworte, Erläuterungen Heideggers in diesem Band NICHT von einer Hand redigiert wurden NOCH von einer erläuternden Hand mit Anmerkungen versehen, werden Sie mir vielleicht erlauben, mein destruktives Leservergnügen weiter in Szene zu setzen.
(Um mich über meinen Irrtum – und sein Umfeld ein bisschen besser zu informieren, habe ich mir die anderen Protokolle angeschaut und das 6. Protokoll mit den anderen Semestermitschriften verglichen. So beispielsweise mit der 7. Semestermitschrift:

*„Im Feststellen eines Gegenstandes als eines identischen vollzieht der Mensch in der Reflexion das Feststellen des Gegenstandes in seinem Verhältnis zu sich selbst"*
oder davor zur 5.Semestermitschrift (S.178):

*„Die Monade Mensch wird durch die Kenntnis der notwendigen Wahrheiten auf sich selbst gerichtet und kann „Ich" sagen. In diesem Sinne hat diese Stufe Selbstbewusstsein, Reflexion"").*

Es scheint nichts Auffallendes, Abweichendes an diesen Sätzen zu sein, die aus dem Zusammenhang gerissen, doch etwas von Reflexion enthalten, von Feststellung, Gegenstand und Selbstbewusstsein.

*„Freiheit:*
  1. *Nicht mehr eingenommen von einer Umnahme."*
  2. *Beweglich gegen...., aber solche „Beweglichkeit" doch auch innerhalb einer Benommenheit.*
  3. *Das blosse „Los" von .... führt höchstens zur Zerstörung des Lebewesens.*
  4. *Freiheit muss daher einen anderen Wesensgrund haben. Man sagt (negative und positive Freiheit unterscheidend): ...."*

Nun mag mein Eindruck daher rühren, dass sich Wolfgang Ritzel während seiner Studien über - und seiner intensiven Beschäftigung mit Kant einen Sprachduktus angeeignet haben kann, den er nicht ablegen kann, vor allem, da er nicht „heideggern" will. Und das unter keinen Umständen. Heidegger, sagte er, mochte das nicht. Damit will ich nicht sagen, dass Wolfgang Ritzel Heidegger usurpiert - eher ließe sich sagen, er bricht den Gedankengang ab.

*„In dieser auch das Gegenstandsbewusstsein begründenden rückläufigen Richtung entspringt damit das Selbstbewusstsein; in ihr ist die Möglichkeit angelegt, nicht nur zu erkennen, zu fühlen, zu wollen, sondern darum zu wissen, dass man erkenne, fühle, wolle. Der Mensch in seinem Bezug zum Seienden steht somit schon immer in einer weiteren Beziehung, der auf sein eigenes Sein."*
(...)
*„Die Entstehung der Sprache aus und gemäß ihrem Ursprung. Daher weist Herder diese Erklärung der Sprachentstehung – etwa aus dem*

*Moment der Nachahmung - gerade von der nunmehr gewonnenen und gesicherten Position aus ab."*

Das was ich übergangen habe, ist das, was vorliegt:

*„Er (der Mensch - NR) steht zudem mit dem einen Bezug zum seienden als solchen gründenden Sprachvermögen auf einem Punkte, auf dem alle bisherigen Erklärungen des menschlichen Sprachvermögens überhaupt erst einsetzen, die denn auch voraussetzen, was freilich bereits vorliegt."*

Kurz, die Freiheit des Hörens und die Freiheit, die irgendwo im Verstehen liegt, mal grob gesagt und grob unphilosophisch zusammengefasst, auch Thema „ist" der Vorlesung Heideggers über Herders Text, die .....
und hier bitte eine grosse Leerstelle...


beginnt hier. Die „Freiheit", bitte.

Wolfgang Ritzel hat 1937 „Über den Wandel der Kantauffassung" bei Riehl, Wundt, Cohen und Bauch promoviert, im Dezember 1937 bei Bauch die Thesen verteidigt – aber sie nur auszugsweise publizieren können.
Das geplante Kapitel über Heideggers Kant-Interpretation, das noch im Frühjahr 1936 anvisiert worden war, ließ Wolfgang Ritzel nach offenbar heftigen Diskussionen fallen. (Brief vom 5.März.1937 an seine Mutter:
*„Dass ich über Driesch arbeitete, das ist sehr lange her und war in einem ganz anderen Zusammenhang. Das war die Arbeit über das*

*„Ich denke", die mir Schulemann gegeben hatte; in der Dissertation handelt es sich um Riehl, dann, und zwar fast in erster Linie um Cohen (das hab ich Dir aber doch erzählt!), um Bauch und drittens nicht wie ursprünglich geplant um Heidegger, sondern um Max Wundt, der mehr in einer Linie mit den andern dreien liegt. Weißt Du, der Plan mit der Karlsruher I.-H. ist gar nicht so dumm, wenn ich fertig bin, bin ich auch so weit, dass ich mich ohne Schulgemeinschaft mit den sogenannten Titanen befassen kann, abgesehen davon, dass die wenigen, die wirklich solche sind, außer Bauch, der wenigstens Ansätze dazu macht, einer zu sein, und die noch in Deutschland sind, keine Schulgemeinschaft im Sinne der Universitätsarbeit mehr leiten. Weder Hartmann noch gar Heidegger sind Titanen. Freilich ist es gut sich mit ihnen zu befassen, aber das nur in wissenschaftlicher Form. Und das geht nach ihren Büchern fast besser, als in ihren Seminaren,: denn nicht nur Heidegger, sondern auch Hartmann verstehen unter philosophischer Führung heftigste und meist erfolgreiche Unterdrückung der freien und selbst- bzw. nur der Sache verantwortlichen wissenschaftlichen-Meinungsbildung ihrer Schäflein. "*

und wie ich annehme, auch nach ausführlicheren Diskussionen mit seinem Onkel Otto Risse, Radiologie, bis 1933 Assistent am Institut von De Hevesy - der, so wird es unter der Hand berichtet, Heidegger auch persönlich nahestand (private Mitteilung). Otto Risse's Tochter Suse, Kusine von Wolfgang Ritzel, wird später Eugen Fink, den damaligen Assistenten Edmund Husserls heiraten.

Nun kann ich vom Protokollanten schlecht auf den Vortragenden schließen, und von einem einzigen Protokoll noch schlechter auf die Aussage und das Theoriengebäude, das es trägt. Dass ich es trotzdem tue, mag daran liegen, dass ich die Einstellung des Protokollanten zum wissenschaftlichen Vortrag und zur Lehre kenne, dessen „Ausgezeichnetsein vor allen anderen", dessen Exzellenzanspruch Wolfgang Ritzel früh festhält:
"Von der Kunst der Rede" ist ein Textentwurf von Dr.Wolfgang

Ritzel aus den „dunklen Jahren" irgendwann zwischen 1938 – 1944 eingeordnet, abgeheftet mit vergilbten maschinengeschriebenen anderen Artikeln, von denen einige erkennbar die Urbilder sind, eingereichte Manuskripte für Artikel, die später, allerdings erst ab 1943 im Völkischen Beobachter abgedruckt wurden.

„Die Kunst der Rede", jedenfalls laut WR bezeichnet ein Hierarchiegefälle vom Redenden zum Hörenden sowohl räumlich: von der Kanzel - dem Rednerpult zum Hörenden -
als auch geistig, indem der Hörende eben nicht nur nicht weiß, was der Redner sagen wird, sondern auch in der „Unerhörtheit" des Vorgetragenen – eben weil außer dem Redner niemand um die vorzutragende besondere Sache weiß, macht der Vortrag Sinn und bezeichnet die eigentümliche geistige Leistung, die sich noch dazu in einem einzigartigen Moment abspielt – der nicht abgebrochen werden kann und nicht umgedreht.
Man kann, schreibt WR, einen Vortrag nicht unterbrechen durch Fragen noch kann der Vortragende Sätze solange wiederholen, bis sie alle aufgeschrieben haben….und alles aufgeschrieben wurde.

Ob ich nun, da ich mir erlaube, den Vortrag Heideggers in einen Abgrund des Hörenden hineinzuverlegen –
den Vortrag Heideggers in den Vortex seiner Zeit, von nationalsozialistischen Sprach – und Redekultur geprägt ,zu sich selbst in einen VERTIGE – einen Vortex versetze - weiß ich nicht. Ich bin mir auch nicht sicher, ob ich meinen Gedankengang zu Ende führen kann, der sich an den Bruchstücken der Argumentation des Dr. Wolfgang Ritzel entlang tastet, von dem nichts das auf merkwürdig dynamischen Problem in der Sprache hinzudeuten scheint, welches mich interessiert, das Problem der Sprache welche man von ihrem entwicklungsgeschichtlichen, semantischen, und logischem Ursprung loskoppelt.
Sorry, ich argumentiere unsauber und unpräzise – vorallem was das Problem des Ursprungs von kategorialem Denken und Strukturen in der Sprache angeht – das sich hier unterscheidet von Herders

Analyse des Ursprungs der Sprache.
Und ich sollte ebenso warnend wie entschuldigend hinzusetzen,
dass es ein ganz wesentliches Merkmal **meiner** Sprachverwendung
ist, völlig offensichtlichen Fehlern in der Beschreibung einen Sinn
zuzuweisen, einen deiktischen, nein,
aber einen hinweisenden: sie markieren eine Abbruchgrenze.

Etwas VOR dem Fehler, VOR einer unzureichenden Behauptung,
VOR einer Ahnung und Falschem Urteil - etwas, das im Sprechen
der Sprache, ein Es, das ihr in ihr von etwas anderem zukommt,
aber das man nicht POSITIV oder NEGATIV fassen kann, sondern
etwas, das mich dazu bringt etwas NEUES zu denken, beispielsweise,
oder, beispielsweise, einem anderen zuzuhören.
Das Problem ist, dass ein Bruch von dieser Vernunft, diesem Logos
zu dem inneren und äußeren Merkmalen des Lautes zieht,
wie ein Haarriss, der immer tiefer reicht –
und ich bin mir ziemlich sicher, dass ich weder einem Leser noch
einem Zuhörer erklären kann, worum es mir geht.
Diese meine Überzeugung kann ich, muss ich aber nicht weiter
begründen – das gehört nicht hierher –
Aber es genügt vielleicht, wenn ich meinen Gedankengang nicht im
positiven assertativen Sinne behaupte, sondern im negativen Sinne
darlege: zeige, was nicht war.
Dazu, wie schon gesagt, müssen Sie mir erlauben, weiter an meinem
Protokollanten dran zu bleiben – immer in der Gefahr, den kleineren
für den größeren zu nehmen.


Im Schreiben anzuhalten -


Um sich in einem Rückgriff kurz der Dinge zu versichern, die der
Protokollant weiß, die er bis dahin gelernt oder aufgenommen und

verarbeitet hat – (Ein Postdoc weiß mehr als ein Studienanfänger, er kann mehr aus dem Vortrag erschließen als ein ganz junger Abiturient) - erlaube ich mir in zwei kurzen Absätzen, die eigentlich noch einige Kapitel der Ausarbeitung erfordern würden, den Studiengang und die philosophische Entwicklung des Schreibers darzustellen.

Im Wintersemester 1933/34 schreibt sich Wolfgang Ritzel zuerst in Breslau ein. Von den Theologischen Vorlesungen besucht er NICHT Gogarten, sondern ein Seminar über die Königsbücher. Das Hebräicum, das er für die Theologie benötigt, lässt ihn zwar schwer büffeln, zwingt ihn aber zu einer Änderung seines Studienplans: Er „rasselte" im Mai des Sommersemesters 1934 durch die Hebräisch-Prüfung und musste umdisponieren. Vielleicht kann man ihm zugute halten, dass er es zumindest versucht hat... Im Herbst 1933 und als SA-Mann, Hebräisch zu lernen....
In Erinnerung beliebt es ihm zu behalten und in Erinnerung bleiben wird aber sein Seminarbesuch bei Moritz Löwi.
Ob ihm dieses Seminar bei Löwi damals auch so wichtig war, weiß ich nicht, zumindest ist es mit den Jahren wichtig geworden, so dass er sich in seinen Jugendaufzeichnungen daran erinnerte (im Anhang ein Auszug, den ich bereits dem Richard Hönigswald-Archiv zur Verfügung gestellt habe).
1934 muss er das Studium für Arbeitsdienst und SA-Dienst unterbrechen

*„Sonntag, den 26. November.*
*Liebe Mutter!*
*Die lassen sich Zeit – ich weiß immer noch nicht, in welchen Sturm ich komme! Übrigens schönen Dank für deine Synagogenkarte! – Am Mittwoch war ein sehr feines Kirchenkonzert – aber die Kirche war nicht geheizt, und wir froren wie die Schneider. Ich habe Hochbetrieb – jetzt hab' ich eine schriftliche Arbeit auf über „Platons Stellung zur Dichtkunst" auf bis Februar. Ich werde mir hier das Material zusammenstellen und es zu Hause – wenn mich die S.A. nicht über Weihnachten in ein Lager steckt – ausarbeiten. – Sehr nette*

*Menschen hat es hier.*
*Es gehen so allerlei Gerüchte um von wegen nötigem Staatsexamen vor der Promotion und so ähnliches (angeblich um der Titelsucht zu steuern, und weil Herr Rust Schulmann sei); ich will mir jedenfalls mal die badischen, wohl auch thüringischen Verordnungen ansehen. – Das Buch von Driesch, über das ich referieren muss, gefällt mir zwar gar nicht; aber ich überlege mir trotzdem heftig, ob ich nicht 1 oder 2 Semester nach Leipzig soll – Bauch u. Heidegger sind doch die eigentlichen Großen nicht trotz allen Getues des letzteren; und wenn ich mich habilitieren will, brauch' ich so ein Aushängeschild. Abgesehen davon, dass mich Driesch, wenn ich mich gut zu ihm stellte, selbst wieder förderte."*

Dass Driesch, als Pazifist, im Winter 1933 bereits nicht mehr lehren durfte, scheint dem jungen Studenten unbekannt zu sein - aber vielleicht deutet sich hinter der unauffälligen Naivität hier ja ein Code an, ein Sprachcode der Wissbegierde, der dem „Sowohl - Als auch" entsprechen will
–
Hier entlehne ich ein wenig der politischen und philosophischen Biographie des ehemaligen Breslauer Professors Siegfried Marck, um eine Haltung zu kennzeichnen einer, vermutlich riskanten und kritisierbaren „Offenheit" für politische Extreme und Gegnerschaften, Vermittlungsbereitschaft sowie eine äußerst angreifbare intellektuelle „Ambiguität".....
Eine wirkliche Bekanntschaft mit dem Breslauer Pazifisten, der bereits im Januar 1933 über Freiburg in die Schweiz fliehen musste, ist aber erst ab 1950 nachweisbar (zumindest in Briefen des W. Ritzel) und in einer nachträglichen Widmung der Zweitfassung seiner Dissertation.
Darum dient mir diese Vermutung nur als Arbeitshypothese und als Ermahnung: offenkundige Naivität nicht unbedingt als Tölpelei und Unwissenheit zu nehmen.
Im Wintersemester 1934/35 hat es den Anschein, er habe in Freiburg studiert, so das Tagebuch seiner Großmutter Mathilde Fath – eine

Erinnerung, die hingegen 1996 Wolfgang Ritzel völlig fehlt, als er seinen Lebensrückblick verfasst, ebenso wie ein Besuch auf dem Reichsparteitag in Nürnberg; an den er mit seiner Tante Hildegard Fath teilnahm, die seit Oktober 1933 in den Diensten von Rudolf Hess (Privatsekretärin) stand.

Im WS 1935/ 36 wechselte WR an die Universität Jena und bezog Quartier in der Beethovenstrasse 9 bei der Familie des Studiendirektors Carl Theil.
Carl Theil, nach der kurzen Biographie von John, im Volpius Verlag erschienen, war ein Freund und Mitarbeiter von Martin Buber und Franz Rosenzweig gewesen, als Studiendirektor der klassischen Philologie für Latein und Griechisch jedoch schon ab 1933 mit Berufsverbot gestraft, was seinen reformpädagogischen Tätigkeiten in sozialistischen und lebensreformerischen Schulen , so der thüring'schen Volkshochschule, eine Ende setzte.. Seine vielfältigen Versuche, in der Verlagswelt unterzukommen, oder aber im Ausland (Schweiz) eine neue Schule in seinem, reformpädagogischen Ansatz zu gründen - schlugen sämtlich fehl.
Nichts deutet darauf hin, dass der Stud. phil Wolfgang Ritzel, als er sich 1935 in der philosophischen Fakultät Jena einschreibt, je von Gerschom Scholem gehört hat noch was gelesen haben will – aber er hatte einen Lehrer und Professor im Wintersemester 1935 /36 : Paul F. Linke, der den jungen Studenten Wolfgang Ritzel anspricht und für ein Privatissimum anwirbt, er ist an Hermann Ritzel interessiert, dessen Schrift und dessen Publikation in Husserls Jahrbuch er gesehen hatte und von dessen Neffen, Wolfgang, sich Linke Aufschluss erhofft.
Sie wissen vermutlich eben so gut wie ich, dass Paul F. Linke 1916 Scholem „unterrichtet" hatte und mit ihm in recht gutem Einverständnis geblieben war, jedenfalls laut Scholem himself (Wolfgang Ritzel hingegen schrieb in seinen Jugenderinnerungen über Paul F Linke und dessen Verhältnis zum Dritten Reich : „Er konnte sich aber selbst als dessen Grossvater bezeichnen, da Möller van den Bruck, der Autor des „das Dritten Reich" sein Schüler gewesen war" S.147).

Nun liegt hier wiederum eine interessante Umformulierung vor. Denn Paul F Linke, der das Dritte Reich als „kauziger Privatdozent" gut und unbehelligt überlebte, erhielt nach ‚45 endlich eine ordentliche Professur und übernahm es, unter dem nun sozialistischen Kultusministerium, 1948 eine treibende Rolle in der Abberufung Hans Leisegangs zu spielen. Die Bitterkeit des deutschnationalen Leisegangs über den nun sozialistisch aktiven und polemisch agierenden Paul Linke bekam der Kriegsheimkehrer Wolfgang Ritzel zu spüren, der sich 1949 bemühte, mit Hans Leisegang in einen befördernden Austausch zu treten – über die noch zu reden sein wird.

Jedenfalls konnte Linke Wolfgang Ritzel ebenfalls zu einem Privatissimum gewinnen, einem Seminar über „Evidenz", das Wolfgang Ritzel auch fleißig besuchte, bis die Aufgaben, Arbeitstellung seiner geplanten Promotion und die Inanspruchnahme durch Bruno Bauch dazwischen kamen. (In seinen eigenen Worten:

*„Man kann nicht zween Herren dienen bzw. zwei einander diametral entgegengesetzte philosophische Richtungen einhalten – Kritizismmus und Phänomenologie. Je mehr ich mich in Bauchs philosophisches Konzept hineindachte, desto weniger bereit und desto ungeschickter wurde ich, mich in Linkes Denkbahnen zu bewegen."* (Jugenderinnerungen, unpubliziert S. 147).

Dass Paul F Linke dennoch näher mit der Familie Ritzel vertraut gewesen sein könnte, war eine Vermutung von Carl Theil, dem „Herbergsvater".
Carl Theil, mit Albert und Thilde Ritzel befreundet gewesen, war von 1912 bis 1916 Lehrer an Paul Geheebs Odenwaldschule gewesen, später, 1921 dann einige Zeit in der Hellerau neben der Jacques-Dalcroze-Schule und Alexander Neill „Neuen Internationalen Schule" mit der Leitung der „Neuen deutschen Schule" beauftragt, die wegen finanzieller Schwierigkeiten mit Neill fusionieren musste. Er war mit Elisabeth Rotten befreundet und - als engagierter Elternteil -begleitete er auch die Jenaplanschule von P.Petersen, die an der

Jenaer Universitätschule entstanden war.
Seine Tochter Eveline Theil, die als „Milchschwester" des Wolfgang Ritzel galt, da Thilde Ritzel die beiden stillte, hatte noch die Möglichkeit, bei Elisabeth Rotten in der Hellerau zu assistieren, bevor diese Deutschland verlassen mußte. (Private Mitteilung von Prof. John und Frau M.Horn). In seiner Publikation „*Weimar-Jena. Die große Stadt. 8/1. Carl Theil*" gibt Jürgen John einen kurzen Überblick über die Spannbreite der Tätigkeiten Carl Theils, die seine verfahrene Situation jedoch nichtzum Positiven wenden konnten:
„*so der Plan, mit Schweizer Partnern eine freie Schule in der Schweiz zu gründen oder der Versuch, in Schweden eine Stelle als Fachreferent für deutschen Unterricht in einer Verwaltungsbehörde für höhere Schulen zu erhalten.*" *(John S. 4)*
Einzig die zahlreichen Briefe an Martin Buber, so John, erlaubten ihm, seine Isolation zu überwinden. Wolfgang Ritzel, der kaum mehr als das Nötigste aus dem Haus Theil berichtet, erwähnt, dass Carl Theil ihm eine Art Vorstellungsgespräch bei dem Jenaer Verleger E.Fischer ermöglicht habe, welches ihm selbst aber erst nachträglich als Angebot und Chance bewusst geworden sei.

Nun ist entgegen der landläufigen Meinung, das jüdische Geistesleben - und mit ihm die jüdische Verlagswelt und das jüdische Buch - sei unmittelbar nach 1933 zum Erliegen gekommen, seit den Arbeiten von V.Dahm, Das jüdische Buch im Dritten Reich, 1993 und A.Schenker, Der jüdische Verlag 1902 - 1938, (Dissertation ) 2003 - um nur die beiden zu nennen, gezeigt worden, dass dem nicht so war und dass selbst in den Grauzonen, in denen die forcierte Arisierung eine Einstellung des Verlages, Abwicklung und der enteignende Wechsel der Eigentümer - es vereinzelte Übergabemodalitäten gab, bei denen versucht wurde, diese Übernahme im Sinne der jüdischen Eigentümer zu gestalten.
Da Carl Theil, meines Wissens, der Witwe Georg Simmels, Gertrud Simmel in Gera und Stuttgart zur Seite stand, müssten weitere Forschungen klären, ob er auch anderen diesbezüglich ein Ansprechpartner war. Die Pläne zu weiteren Verlagsbeteiligungen in Litauen

und Estland zeigen, meine ich, dass Carl Theil auch nach 1933 über eine gute publizistische Vernetzung verfügte, neben denen des Verlags Lambert Schneider, dem E. Fischer Verlag Jena, dem Zwing Verlag, Leipzig ... auch wenn sie als Vernetzung kaum „sichtbar" ist. Aber vielleicht genügt es in meiner beiläufigen biografischen Skizze nachzuweisen, dass Wolfgang Ritzel während seiner Studienzeit von 1933 bis 1939 eben durchaus Zeit und Gelegenheiten genug hatte, sich während seiner Studienjahre in Breslau und Jena mit Moritz Löwi, wenn auch vielleicht mit Siegfried Marck, mit Ernst Cassierer und Hermann Cohen, auch Martin Buber zu beschäftigen, er hätte Einblicke in den Schocken-Almanach nehmen können, sowie in andere Publikationen des Lambert Schneider Verlags.

Aber es kann ja einer NICHT HINGUCKEN WOLLEN und stattdessen lieber ins Philosophische Seminar gehen, um dort in aller Ruhe den Völkischen Beobachter durchzustudieren oder Bauchs „Nation und Kultur" -
Man muss ein Buch nicht lesen, bloss weil man die Gelegenheit dazu hat.


La solitude des gens qu'on a laissé derrière....

Die Einsamkeit der Leute die zurückgelassen werden. Man hat heute ein bisschen Schwierigkeiten, sich das vorzustellen. Vor allem in Deutschland und in Bezug auf deutsche Philosemiten.
Mit einem schnellen Blick in Wikipedia - ein guter Gradmesser für die gesellschaftliche Befindlichkeit eines Begriffes - ist ein Philosemit jemand, der im 19.Jahrhundert den Juden mithilfe vermeintlichen Interesses und durch unangenehme moralinsaure Aufdringlichkeit zu bekehren wünschte, nach 1945 seinen Philosemitismus im selbstgefälligen Ton des Gutmenschen bloss wie ein Leuchte vorsich herträgt.
Da der Antisemitismus und die Haltung dazu eine stets wiederkehrende Grundfrage zu Heideggers Philosophie und der von Bruno Bauch ist, scheint es mir nicht nebensächlich, bei der Analyse einer

„dette impensée" einmal auf die Existenz eines Mannes hinzuweisen, der wie Carl Theil, so zumindest habe ich Prof. John verstanden, ein seltenes Zeugnis eines Mannes bietet, der sich engagiert und leidenschaftlich für jüdisches Denken einsetzte.
Was abends in der Beethovenstrasse 9, Jena diskutiert wurde, zwischen Carl Theil und Wolfgang Ritzel, zwischen einem, der den verstorbenen Vater noch gekannt hat und der Halbwaise - das darzustellen erfordert eine zu sentimentale Schilderung, eine Schilderung d e s Gefühls, der Innerlichkeit, der innerlich gebliebenen Schuldigkeit, die sich auf die Lektüre durcheinandergewirbelter Briefe stützt, einen ganzen Briefroman, der durch eine falsch verstandene Chronologie ein inhaltliches Miteinanderreden, einen Austausch suggeriert. Dabei hilft es mir überhaupt nicht weiter, dass ich aus eben einem solchen Band der Korrespondenzen her das Diktum von Benjamin über Bubers Eindeutschungsversuche her kenne –

*(Brief vom 18.Okt1936 von Benjamin an Scholem „Es ist beklagenswert, dass die Bestrebungen Schockens im Zeichen eines Mannes stehen, der die Terminologie des Nationalsozialismus bruchlos in die Debatte jüdischer Fragen zu überführen vermocht hat." (Walter Benjamin Gershom Scholem Briefwechsel S.228). Dass es sich bei „diesem Mann" um Buber handelt, erhellt Scholems Antwort vom 29.Dezember 1936:*
*„Ich bin der Meinung (derentwillen ich ja auch seine Berufung hierher energisch betrieben habe), dass sich das endgültig erst heraus stellen wird, wenn er hebräisch sprechen muss. Ich erwarte mir davon eine wichtige Krise in Bubers Existenz, in die ihn zu stürzen eine gottgefällige Tat wäre. Was Du über seine „nationalsozialistische" Terminologie schreibst, vermag ich ehrlicherweise nicht zu unterschreiben." Ibd S231)*


So bleibt ein theologisch formulierter Verdacht in diesem Diktum bezüglich der Bibelübersetzung von Martin Buber und Franz Rosenzweig, der, so John, Carl Theil zutiefst beeindruckt hatte und

dessen Tod er nur mit großen Mühen überwand. Und
wenn sicherlich mehr über das Jenaer Zentrum deutscher Gelehrsamkeit (von Schiller und Fichte angefangen) bis hin zu den im Großraum Weimar- Jena - Erfurt erstellten Bibelübersetzungen zu sagen wäre, bis hin zu den Bibelübersetzungen der Lulu Diederichs, die auch Lulu Elisabeth von Strauss und Tornay hiess, die als „Botschaft Gottes" umgewandelt in ein „Volkstestament" die Vorgaben des Eisenacher ‚Instituts zur Erforschung und Beseitigung des jüdischen Einflusses auf das kirchliche Leben' erfüllte.
Lulu Diederichs, die Frau des in Jena ansässigen Verlegers Diederichs, der als Initiator des SERA-Kreises gilt, an denen zumindest die jungen Eheleute Albert und Thilde Ritzel teilgenommen haben dürften. Noch 1913, noch 1914 schreibt die junge Thilde von Wanderungen, Fackeln, Liedern, nächtlichen Tänzen.
Da sich von dieser Bekanntschaft bislang keine Spuren finden ließen, die über den Ersten Weltkrieg hinaus bis in die dreißiger Jahre gereicht hätten und von den Eltern auf den Sohn übergingen - wie im Falle des Hauses Carl Theil -
darf ich den theologischen Anfangsverdacht vielleicht erst einmal beiseite setzen, da ja der Student Wolfgang Ritzel nach seinem theologischen Scheitern in Breslau, in Jena eine neue philosophische Ausrichtung beginnt und sie mit einer Doktorarbeit beendet.

Wolfgang Ritzel promovierte also bei Bauch - während er abends bei Theils nicht zuhörte und sich tagsüber bemühte, nicht in die Fänge von Paul F Linke zu geraten - einem Gedankengang folgend, wie er später erklärend hinzufügen sollte, den ihm Cassirer eingegeben hat. Wie ihm der von Cassirer eingegeben worden sein könnte, und wo genau – das sagte er nicht. (Dass Carl Theil von 1912 bis 1914 bei Paul Geheeb als Lehrer an der Odenwaldschule gearbeitet hatte, der Paul Geheeb, dessen Frau Edith Cassirer irgendwie zum CassiererClan gehörte – gehört im Moment nur am Rande hierher).
Ich denke, mein Problem ist ein bisschen schwieriger, vielleicht weil ich es persönlich wie abstrakt und theologisch formulieren muss.
Ich denke, wenn ich beweisen kann, dass jemand einem anderen

jemand nahestand, dann ist das Schweigen
more tricky ......
Schwierig, es eine Art verborgener Intensität zu nennen.
Aber vermutlich würden Sie sagen, zwischenmenschliche Beziehungen haben nichts zu tun mit spirituellen oder theologischen Positionen.


Die Fallhöhe.
Das ins Wort fallen.


Um dabei in der philosophischen Entwicklung des Stud phil. die Tatsache richtig zu interpretieren, dass Wolfgang Ritzel ausgerechnet bei Bruno Bauch auf die Idee kam, „über den Wandel der Kantauffassungen" unter Einschluss des Cohen-Kapitels zu arbeiten - ausgerechnet bei Bruno Bauch, der sich mit einer Arbeit über Kant und Luther habilitiert hatte und 1911 nach Jena berufen worden war (zeitgleich mit Albert Ritzel, dem Vater des Wolfgang Ritzel)), doch 1916 von der Herausgeberschaft der Kant-Studien zurückgetreten war, nachdem sein Vortrag „Vom Begriff der Nation" heftigste Kritik hervorgerufen hatte.
U.Sieg bespricht in seinem Buch „Geist und Gewalt" ausführlich Bauchs Abhandlung „Volk und Nation", mitten im Ersten Weltkrieg erschienen. Sie bedeute, so Sieg, der Sache nach „nichts weniger als eine fundamentale Ablehnung jüdischer Intergrationsbestrebungen" (Hermann) Cohen habe dies erkannt, aber nicht darauf reagiert – vermutlich, so Sieg, weil er sich zu sehr angesprochen gefühlt habe, darum habe es Cohens Meisterschüler Cassirer übernommen, den Angriff abzuwehren.
Nun ist die Frage nach dem Antisemitismus von Bruno Bauch, und die Frage, wie es denn Wolfgang Ritzel damit halte, auf seine Weise von Wolfgang Ritzel beantwortet worden:

„In politiciis gab sich Bauch stockkonservativ, nicht zwar kaisertreu, aber der Republik gegenüber sehr distanziert und daher voll froher Erwartung dessen, was Hitler bringen würde. Hinzu kam ein Antisemitismus, wie ich ihn auch von meinem Großvater kannte; bei diesem stand die generelle Wendung gegen die Juden der Lebensfreundschaft mit einem einzelnen Juden nicht im Wege; ebenso verehrte Bauch seinen jüdischen Kollegen Hönigswald (vordem in Breslau, später in München), auch hatte er nichts dagegen, dass ich das umfänglichste Kapitel meiner Dissertation auf die Würdigung von Hermann Cohens großem Werk „Kants Theorie der Erfahrung" verwandte. Offenbar erkannte er im Antisemitismus der Nationalsozialisten seinen eigenen wieder, bis er entdecken musste, dass jener anders gemeint und wie er gemeint war, und sich noch zu einer sehr gelinden Verwahrung ermannte, nämlich im Kolleg über die Philosophie des deutschen Idealismus.
Bekanntlich war Fichte ein entschiedener Gegner der Judenemanzipation; irgendwo erklärt er, ehe man den Juden die vollen staatsbürgerlichen Rechte einräume, müsse man ihnen die Köpfe abschlagen und durch neue Köpfe ersetzen.
Das war durch einen französischen Autor verfälschend wiedergegeben worden: Fichte habe gefordert, allen Juden in Deutschland die Köpfe abzuschlagen (...); dass Bauch in der Vorlesung mit Empörung hierauf einging und mit Nachdruck erklärte, so unmenschlich habe sich Fichte nie geäussert, und wird er ihm unterstellten Meinung sei, dürfe sich nicht auf den Denker berufen, erkläre ich mir daraus, dass ihm zu Ohren gekommen war, was ihn erschauern liess, und dass er mit einem blutrünstigen Rassismus nichts zu tun haben wollte. Ich bin froh, diese Richtigstellung aus dem Munde meines Lehrers vernommen zu haben; es macht es mir, der ich rigorosen Antisemitismus für das Indiz eines intellektuellen oder (und) moralischen Defekts ansah, leichter, mit dankbarer Hochachtung an ihn zu denken." (ebenda. S142ff)

Seine Unterscheidung zwischen einem gemäßigten Antisemitismus, den er offenbar für salonfähig hält, im Gegensatz zu einem rigorosen Antisemitismus – der in seinen Augen auf einen moralischen oder intellektuellen Defekt hindeute – zu übernehmen fällt schwer. Sven Schlotter ist, in seinem Buch „Die Totalität der Kultur", der Auffassung, dass Bauch zwar zugestehe, „dass man aus Fichte noch nicht das ganze nationalsozialistische Parteiprogramm herauslesen könne", doch fände sich „bei ihm die philosophische Grundlegung der Synthese zwischen Nationalismus und Sozialismus" begründet. (Schlotter S. 199)

Bitte, ich sage nicht, dass die Frage nach gemässigten Antisemitismus überhaupt trennen lässt vom rigorosen Antisemitismus und das übernehme ich nun, als Kameramann oder Monteur, der den Film ablaufen lässt, vor- und zurückspult und währenddessen, sozusagen aus dem Off, weiter Sven Schlotter einspielt:
„In einem weiteren Vortrag über *Das Volk als Natur- und Sinngebilde* versuchte(e) Bauch, die Brücke zwischen dem eigenen Nationenkonzept und dem nationalsozialistischen Rassegedanken zu schlagen." (Ibd.199)
Schon hier stellt sich für den Monteur, der sich die vielredenden Gesichter und vielgeschriebenen Worte ansieht, die doch so stumm sind, die Frage nach Bauchs Nationenbegriff. Und man fragt sich, welche Rolle und welche Aufgabe der Student Ritzel mit der Sprache verbindet.
Immerhin lässt Bruno Bauch das Dissertationsprojekt des Wolfgang Ritzel 1936 zur Prüfung zu, trotz der sich bereits abzeichnenden und drohenden Einstellung der „Kant-Studien" und der sich auflösenden Kant-Gesellschaft (1938) (Die nicht ganz durchsichtige Schilderung der Vorgänge in : Simon /Leaman: „Die Kant-Studien im Dritten Reich": in Kantstudien, Vol85 (1994), pp443-469)
Bruno Bauch akzeptiert auch die von W.Ritzel vorgeschlagene Umänderung, nämlich das vorgesehene Heidegger/lKant-Kapitel gegen ein Cohen-Kapitel auszutauschen. (Brief WR an seine Mutter Thilde Ritzel vom 7. April. 37

*„Neulich sprach mich mal Bauch auf das (politische) Cohen-Problem*

*an, ihm war noch gar nicht aufgegangen, wie riskant eine Publikation wäre; wir haben uns dann gemeinsam einen Titel überlegt ( für den Teildruck ) in dem auch der Name Cohens nicht genannt wird – es liegt ihm natürlich nicht daran, dass gedruckt werde, dass in seiner Schule über Juden gearbeitet wird. Und wir fanden auch eine ganz unverfängliche Überschrift: Wandlungen in der Auffassung der K.r.V. vom Neukantianismus zur Wertphilosophie! Es ist ihm allerdings leid, dass unter so beschaffenen Umstanden an eine Gesamtpublikation zunächst nicht gedacht werden kann, denn er meint, das Thema sei sehr interessant und verlange geradezu eine Monographie. Na - zunächst ist es ja noch gar nicht so weit. - Bauch hat mir begeistert von seiner Ungarnreise erzählt, da hat er in Budapest und in Szeged Vorträge gehalten und ist sehr gefeiert worden. - Jetzt Kaffee und dann Jerusalem - Seminar!"*

U.Sieg, der sich in seinem Buch „Geist und Gewalt",eine Analyse und Ausarbeitung von Bruno Bauchs „antisemitische Ideologemen" vornimmt, die „im Dienst eines auf innere Homogenieität ausgerichteten Nationalismus" von Bauch eingesetzt wurden, kommt in seinem Urteil zum Schluss, dass bei Bauch keineswegs eine religiöse Judenfeindschaft durch einen rassischen Antisemitismus ersetzt wurden. Sieg, der die „Abstraktion, die Ablösung des Jüdischen von den konkreten Juden" aus der Analyse Cassierers übernimmt, zeigt schliesslich die extreme Überspitzung des nationalsozialistischen Wissenschaftsbetriebes auf .( S134 und S.219 ).

Nun wäre eine mögliche Erklärung, dass Bruno Bauch in der Zeit der massiven Umstrukturierung der philosophischen Lehrstühle zu weltanschaulichen Lehrstühlen in diesen Jahren von 1933 -1941 erheblich an Zuhörern verlor („heute 20 Hörer wo ich vordem 200 hatte" ) und mit dem Wissen darum, dass es sich bei Wolfgang Ritzel um einen Hess-Protégé handelte, sich einen kleinen „Insiderjoke" erlaubte, der ihm eventuell im Ausland als eine winzige doch beschönigende Rechtfertigung der nationalsozialistischen Säuberungen hätte dienen können, aber sonst als Inauguraldissertation

„wissenschaftlich" oder „weltanschaulich" gesehen, unerheblich war. Vielleicht.
Vielleicht wäre hier auf das Verhalten Bruno Bauchs gegenüber Hans Leisegang zu verweisen:

Hans Leisegang war Professor für Philosophie, Pädagogik und Psychologie in Jena gewesen und 1934 zu 6 Monaten Gefängnis und zum Verlust seiner akademischen Ämter und Würden verurteilt worden, weil er die Trauerreden zu Hindenburgs Tod mit einer Wahlkampfrede verglichen hatte.
Er selbst, in seinen Aufzeichnungen, stufte seine Verurteilung als eine Folge der Angriff der Nationalsozialisten auf Deutschnationale ein, daher auch sein Ausschluss aus dem „Stahlhelm". Sein Schicksal habe damals, so S.Schlotter, das Mitgefühl Bauchs erweckt ( weiteres über das Verhältnis Bruno Bauch / Hans Leisegang, siehe S.Schlotter, Von der Totalität der Kultur, S.203 ) – ob sich Kollege B., der „Führer der deutschen Philosophischen Gesellschaft" tatsächlich, wie von Leisegang im Brief an seine Frau vom Januar 1935 erbeten, für ihn und seine Verdienste um die deutsche Wissenschaft eingesetzt hatte – muss ich dahingestellt lassen. (Archiv der FU Berlin: HSA FUB, Nachlass H.Leisegang Kasten 1 und 2)
Leisegang hat nach dem Verbüssen der Gefängnisstrafe eine neues zweites Studium begonnen und dies mit einem Dr.rer.nat abgeschlossen, war nach ,45 rehabilitiert und in seinen ursprünglichen Lehrstuhl wieder eingesetzt worden. 1948 wurde Leisegang erneut in einen ideologischen Streit verwickelt, der ihn erneut aus den akademischen Kommissionen ausschloss und seine Berufung an die 1948 neugegründete FU Berlin nach sich zog.
Einen Nachweis von Kontakten zwischen Wolfgang Ritzel und Hans Leisegang lässt sich jedoch nur mit Briefen von Ritzel belegen. In dem Nachlass des Hans Leisegang im Uni-Archiv Berlin ist darüber keine Notiz zu finden (Freundliche Mitteilung von Herrn G.Walter).

Jedenfalls kann Wolfgang Ritzel seinem Doktorvater Bruno Bauch im Lauf des Jahres 1937 seine Arbeit kapitelweise vorlegen und unbeanstandet, Anfang Dezember 1937 ins Rigorosum „steigen". An der sich anschließenden Doktorfeier nimmt Bauchs Assistent Rausch teil, mit dem WR auch bis weit in 50er Jahre befreundet bleibt. Leider liegt diese erste Fassung der Dissertation nicht mehr vor – nur noch die zweite, 1952 publizierte Fassung – dieses mal Siegfried Marck zugeeignet. (Ritzel „*lernte Marck kennen, als er (der seit 1940 an dre Roosevelt University in Chicago lehrte) während seines ersten Deutschlandbesuchs nach der Hitlerzeit eine Gastprofessur an der Hochschule Wilhelmshaven versah*"; so beschrieben im Nachruf von Theodor Litt und W.Ritzel, erschienen in der Zeitschrift für philosophische Forschung 11 (1957)

Die sachliche Affinität, die den Nachrufschreiber mit dem Emigranten, Linkssozialdemokraten und militanten Humanisten verband


Auch hier tritt die merkwürdige Synthese zu Tage, die Kontrahenten und politischen Gegnern, de Emigranten, der mühsam im Exil usm Überleben kämpft, mit dem NS-Obmann und Philosophieprofessor in einen versöhnlichen Satz vereint, den der Philosophiegeschichte, getragen von einem sprachlichen Gestus, der diesem gibt was jenem fehlte....

1952 wird WR selbst eine Arbeit über „Fichtes Religionsphilosophie" vorlegen (die Vorarbeiten und Lektüren dazu begannen bereits 1943, nach dem Tod Bauchs), die sich in der von ihm betriebenen Verbindung von problemgeschichtlicher Einordnung und systemgeschichtlicher Analyse des deutschen Idealismus versteht und als solches als ein Vorhaben erscheint, das konsequent im Fahrwasser des Bruno Bauch „erdacht" wurde.

*„Dies ist...allerdings die Aufgabe der Philosophie: der Nachweis also, dass jede Möglichkeit verantwortlicher, d.h. an einen verbindlichen Maßstab orientierter Entscheidung letzten Endes jener einer über-*

*greifenden Wahrheit untergeordnet und somit dem Kosmos eingeordnet ist, zu dem die Wahrheit sich differenziert –*
*dass also nur, was seinen Ort innerhalb dieses Kosmos hat, als Leistung gelten darf, während eine Position, die sich ihm nicht einfügt, auch keinerlei Wert – theoretischer oder ethischen, ästhetischen oder religiösen oder rechtlichen – für sich beanspruchen kann."*

Um das Porträt des Protokollanten als national-sozialistischem Mitläufer und Mittäter während der Jahre 1933 – 1939 auf mehreren Ebenen zu zeichnen, wird es aber nötig sein, noch weitere Facetten, weitere Ebenen der Religiosität, der Pädagogik und des Glaubens hinzuzufügen.

*„Ist dem Philosophen also um das Recht der christlichen Wahrheit zu tun, so steht eo ipse Sein und Nichtsein der Philosophie selbst auf dem Spiel!" „Kurz: Wir fragen nach Fichtes Stellung zum Christentum, weil die Bearbeitung dieser Frage mit immanenter Logik herausstellen muss, wie Fichte die Philosophie selber sieht." (Ebenda, S.23)*

Da ich nicht vorgreifen will, sagen wir: ein recht konservatives Christentum habe sich herausgeschält, ein nicht einbisschengebrochenes Verhältnis zur lutherischen Theologie – das sich durch die Familiengeschichte hindurchzieht: Von Pfarrern zu Pfarrern, die Wirtsleute geworden, ein Lutherisches Bürgertum bis hin zu Kirchenräten, von Besuchen bei der bekennenden Kirche und von einer Distanz zu den deutschen Christen, die gleichzeitig große Nähe bedeutete, geprägt.

(Die weitergehende Aufarbeitung des theologischen Umfelds
zu der auch eine Untersuchung des protestantischen Familienumfeldes, den kirchlichen Aufgaben des Grossvaters Dr.Fritz Fath, Oberstudiendirektor, den Freundschaften im Herrenhuter Kreis und die Verlobung mit Hanna Schmidt gehören (deren Bruder als Missionar der Bethel-Mission in Afrika gewesen war, dort wegen seiner Unfähigkeit, sich einzugliedern, wieder ins national-sozialis-

tische Deutschland zurückgeschickt wurde und im Frühjahr 1940 im KZ Buchenwald ums Leben kam) sollten in einem anderen Zusammenhang dargelegt werden.

Ein Schaden wie ein Haarriss, ich sagte es schon, der im alltäglichen Miteinander beginnt mit einem Nicht- hinhören, einem Sichabwenden, am Familientisch. Beim Abendessen.
Nun ist das Merkwürdige ja, dass der Haarriss des Verstummens bereits am Tisch der Theils beginnt, dem allabendlichen, wenn der Wolfgang Ritzel am Abendbrottisch Platz nimmt und den er als geschützten Ort beschreibt, an dem man vor fremden Ohren sicher war. Sich Scherze erlauben durfte.
Denn Abs Joosten, der es oft nach Pforzheim und nach Breslau (1932, 1933 Jahreswechsel 1935/1936 und 1937) geschafft hat, besucht seinen Freund in Jena nie.
Braucht er vielleicht nicht.
Albert Max Joosten wird aber auch in den Briefen nicht erwähnt, darum habe ich bei Prof.John und der Enkelin Carl Theils nachgefragt. Es scheint - in meiner Rekonstruktion der Tischgespräche und gelegentlichen Hauskonzerte, dass in Beethovenstrasse 9 weder von Buber noch von Joosten gesprochen wurde.
Aber vielleicht brauchten sie das nicht. Man spielte Schafskopf.

Die Harmlosigkeit ist mir deshalb verdächtig, weil ich weiß– daß „Abs „ wie er genannt wurde – Albert Max Joosten mit seiner Mutter Rosy Joosten-Chotzen zum Inneren Führungskreis um Maria und Mario Montessori gehörten und für einen Reformpädagogen wie Carl Theil von größerem Interesse gewesen sein könnte, auch für Elisabeth Rotten – Abs Joosten oblag als Bevollmächtigtem während der Indienreise der Dottoressa und ihrer Internierung durch die Briten während des Krieges mit Deutschland (als feindliche Ausländer) die Generalvertretung der Montessori Association.

Dass Joosten bei seinen Besuchen im Winter 1937 auch noch von Maria Montessori berichtet haben könnte, ihrer abenteuerlichen

Rettung aus Barcelona beim Ausbruch des Spanischen Bürgerkriegs 1936 auf einem britischen Kriegsschiff und der sich daran anschließenden in London stattfindenden „Verkündung" des neuen „Prinzips" der kosmischen Erziehung, die sich pazifistischen Zielen verschrieb – mag eine abenteuerliche Unterstellung sein. Belegen lässt sie sich bislang nicht. Belegen lassen sich nur die Vorbehalte des Studenten Wolfgang Ritzel gegenüber der Montessori-Pädagogik die genau dieselben sind wie die bezüglich der Steinerschen Anthroposophie.
Brief vom 7.12. an seine Mutter (- 1935 - Jahresangabe fehlt)

*„Was du über meine Stellung in Anthroposophie, Montessori und Politik sagst, ist absolut nicht einzusehen. Wo es sich um Sachgebiete handelt, pflege ich sachlich zu sein, und mich nicht in allzu jugendlicher Weise begeistern zu lassen. Dass andere, die das Denken erst als Handwerkzeug ihrer ekstatisch erschauten, erlebten Ergebnisse gelten lassen und in erster Linie mit Enthusiasmus (Wort unleserlich - NR) arbeiten – was so arbeiten heißt – zu erstaunlichen Systemen gelangen, ist wohl nicht verwunderlich. Jedenfalls ist es kein Vorwurf für den, der es vorzieht, in erster Linie sachlich Zustand aufzunehmen als die Voraussetzung für jede ersprießliche Arbeit. Das ist übrigens wesentlich nicht auf die Montessoribewegung gemünzt, sondern nur auf unseren Freund, den du mal wieder Gelegenheit fandest, mir als leuchtendes Beispiel vorzuhalten. Aber bei der zeitgenössischen Politik und der Anthroposophie gehört das Arbeiten mit ausservernünftigen Organen zum System. Deswegen will ich ein für alle Male nichts davon wissen.*
*Du kannst dir derartige Vorhaltungen wahrhaftig sparen. Ich weiß schon, was ich sage, wenn ich jemand verurteile, in welcher Hinsicht es auch sein mag. Vor allem finde ich es unangebracht, mich immer auf Abs hinzuweisen. ich habe vor der Leistung dieses jungen Menschen selbst solchen Respekt; ich hab' ihn auch nie verkannt."*

Aller Vorbehalte unerachtet, Meinungsverschiedenheiten bereichern den Austausch, werden die Besuche des Abs Joosten fortgesetzt und lassen sich für die Jahren 1933, 1935, 1937 sowie weitere holländische Besucher bis in den Sommer 1939 hinein, dokumentieren. Es lässt sich weiterhin eine Bekanntschaft von Ilse Opitz belegen, einer Kommilitonin und einer Lehrerin der Mittelstufe an der Petersen-Schule in Jena (der Jenaplan-Schule), bei der die jüngeren Theilkinder zur Schule gingen. (Hinweis darauf bei Hein Retter). Ilse Opitz wird 1952 einen Vortrag von Prof.A.Joosten organisieren.


Ich weiß wohl, dass die Rekonstruktion des freundschaftlichen und familiären Umfelds eines Mitläufers und so unbedeutenden Studenten und Philosophen wie Wolfgang Ritzel selbst von untergeordneter Bedeutung ist.
Erwarten wir doch immer noch von einem Philosophen wesentlich, eigentlich NUR eine Anleitung zum guten, und richtigen Leben, was im Falle eines jungen Studenten der Philosophie in den Jahren 1933 bis 1939 heißt:
Eine Anleitung darüber zu geben, wie man sich anständig und vom Nationalsozialismus unkompromittiert verhält UND es verlangt, dabei soviel Courage zu haben, dieses dann zu tun. Will sagen: VORZULEBEN.
Sich exemplarisch und vorbildlich zu verhalten, steckt in unseren Erwartungen an den Philosophen schon mit drin.


Die Frage der Bedeutung von Religion und Erziehung beschäftigt Wolfgang Ritzel, inzwischen Professor für Philosophie und Pädagogik in Bonn, auch 1966, als er anlässlich der Hollandfahrt seines pädagogischen Kollegs in Amsterdam die Gelegenheit hat, mit Mario Montessori zu sprechen.

*„Am Dienstag Nachmittag (..) war ich auf der Association Montessori, also im Hauptquartier, mit Mario Montessori zusammen; Frau*

*Joosten fungierte sehr gewandt als Dolmetscherin. Interessanterweise ergaben unsere Gespräche, in denen oft von Abs die Rede war, dass auch die religiösen Differenzen der heute führenden Montessorianer eine Differenzierung der pädagogische Praxis und Theorie nach sich ziehen."*

Zur ursprünglichen katholischen Ausrichtung gehört es (ohne in einem ursächlichen Zusammenhang zu stehen), dass Ro und Abs Joosten zum Katholizismus konvertierten und Zeit ihres Lebens als sehr gläubig Menschen galten. Das wäre an sich nebensächlich, wenn es in dieser biographischen Skizze nicht um eine Rekonstruktion des weitläufig geografischen geistigen und religiösen Umfeld des Wolfgang Ritzel VOR dem 1.September 1939 ging.
Wie Albert Max Joosten die Bewältigung der alltäglich anfallenden Arbeit und die international aufgebauten Zielen und Projekte der Association weiterführen konnte und wie er und Ro Joosten überhaupt die Zeit der deutschen Besatzung überlebt haben, ist bis heute unklar.
Ro Joosten war eine der beiden letzten verbliebenen Lehrer der letzten - durch das deutsche Besatzungsdiktat eingerichteten - jüdischen Montessori Schule, die mit der letzten Deportation der Kinder 1943 geschlossen wurde. (Auskunft des Joodse Museum Amsterdam)

Das Jahr 1938 verbrachte W.Ritzel zu Hause, er beschäftigte sich nach eigenen Angaben mit Richard Hönigswalds Werken, schrieb diesem auch einen Brief, der beantwortet worden wäre .....
*Nebenher bemüht er sich, Bruno Bauch zu der Publikation einer Arbeit in den „Blättern für Deutsche Philosophie" zu gewinnen. Dieses Ansinnen schlägt Bauch aber ab („Aber in Ihrem Interesse wünsche ich Ihnen von Herzen, dass Sie in Ihrer Arbeit Geld und Hoffnung für die Zukunft finden." Brief vom 11.12.1938 siehe unten).*
Ende Oktober1938 findet sich der Doktor der Philosophie erneut zum Studiums in Freiburg ein. Da das Tagebuch der Mathilde Fath, seiner Großmutter, die Tage summarisch verzeichnet, so ist es am einfachsten, es selbst zu Wort kommen zu lassen.

*Mittwoch 26. Wolfgangs Stube gerichtet.*
*Samstag 29. Friedhof, trüber Tag. Großfeuer in Marseille.*
*Sonntag 30. Morgens bei Pe.*
*Montag 31. In die Stadt einkaufen, ital.Salat zum Empfang v. Wolfgang.*

*November 1938*
*Dienstag 1. Spaziergang mit Winter, Mittags Ruth, die Klavier bei mir übt, und hilft, den Wolfgang empfangen.*
*Mittwoch 2. Kranz im Pfauen, Wolfgang auf m.Theaterplatz.*
*Freitag 6.. Krautwickel für Wolfgang gemacht, mit .Frl. Ganz spazieren. Mittags in den schönen Film „Heimat" von Sudermann.*
*Samstag 5. Friedhof» Mittags im Garten. Wolfgang liest mir vor.*
*Mittwoch 8. Des l.Walthers Geburtstag. Hildegard hat mit ihrem Chef die Fahrt durchs Sudetenland machen dürfen.*
*Donnerstag 9. Packle nach Berlin und Hildegund. Mittags Näherei. Dazu Besuch Frau Ra, Schü, Re, Schr u. Sieben.*
*Freitag 10. Sehr schöner Gang mit Winter, Himmelreich, Wolfssteige zurück Eschbach. In Paris hat der Jude Herschel Grünspan den deutschen Legationsrat Ernst von Rat erschossen. In der Nacht werden in deutschen Städten, auch Freiburg, die Synagogen verbrannt. Am 9.Namensgebung des „Wolf Rüdiger Hess" im Beisein des Führers.*
*Samstag 11. G. hilft Adventsketten machen.*

Die teilnahmslose Kälte, mit der Mathilde Fath Novemberprogrome, brennende Synagogen mit harmlos anmutenden Adventskränzen zusammenbindet, scheint von einer inneren Harmonie und Zustimmung getragen, die nicht zu bemerken scheint, dass ihre äußerst brüchige Symbolik kontinuierlich über Abgründe geht, deren Tiefe sie nicht sehen will: von der brennenden Synagoge zum Adventskranz, von „Taufe" zu „Namensgebung" hin zu Kaffee und Kuchen, der Walter Sieben angeboten wird, dem in finanzieller Hinsicht das Wasser bis zum Hals steht.

*Dezember 1938*
„*Samstag 17. Walther Sieben ist mittags u.abends bei uns, er lebt mit seiner Frau in Bern. Er möchte sein Geld haben, bekommt aber in Deutschland nichts herausbezahlt.*"

Walter Sieben gehörte - als befreundeter Arzt - zu dem Bergzabener Kreis, der sich um Hedwig Conradt-Martius und ihren Mann Conrad, Edith Stein, gebildet hatte, er blieb mit den informellen Mitgliedern des Kreises so lange es möglich war, in Kontakt. (Siehe die Publikation von Ref. J. Feldes über Edith Stein und die von ihm publizierten erhaltenen Briefe).

Er war es gewesen, der Anfang der 20er Jahre die verwitwete Thilde Ritzel mit ihren kleinen Kindern Wolfgang und Hildegund, zu Autofahrten einlud und im Hause der Grosseltern Fath ein gern gesehener Gast war. (Anhang Bild und Gedicht) und daher, wie ich annehme, die Ausnahme bildet im Antisemitismus des Großvaters Dr.Fritz Fath, über den in der Familie gern gespottet wurde, da sein Antisemitismus ihn schon 1921 nicht hinderte, zu einem Juden ins Auto zu steigen.

Was Walter Sieben bewogen hat, bei der verwitweten Mathilde Fath über Kaffee, Kuchen und beschlagnahmten Konten zu verhandeln, muß ich dahingestellt sein lassen.

(Das sich hier anschließende Kapitel sei - als Kreidezeichnung angedeutet - es hängt von der Darstellung eines Zeugen ab, dessen Glaubwürdigkeit als Ehebrecher bis noch lange nach dem Krieg von der Katholischen Fakultät Freiburg bezweifelt wurde.)

Der Kontakt wird dabei nicht eingestellt, sondern nach dem Krieg wieder aufgenommen. In einem Brief aus dem Jahr 1948 schreibt Walter Sieben an die Thilde Ritzel, die Mutter Wolfgangs :

„*Was wir die letzten Jahre aus den Mündern von Deutschen hörten, das das hatte erst „alles" nach dem Krieg erfahren. Nun haben wir wieder ein deutsches Dienstmädchen aus der Gegend von Heidelberg. Das ist nun ganz erstaunlich. Nichts weiss sie als Greuel: Konzentrationslager, Zuchthäuser und Meutereien am laufenden Band (Wie*

*seltsam ist es doch, dass verschiedene Kreise über ein Jahrzehnt zusammen lebten u. arbeiteten u. keiner ahnt von der Welt des andern etwas.*
*(...) Die letzten Monate fuhren wir verschiedentlich nach Bern zu den Münchner Kunstschätzen. Die Pinakotheken, Ale Glyptothek und das Nationalmuseum hatten ausgestellt« Mir tatens besonders die archaischen griechischen Figuren und der sinnefrohe Rubens an. Amüsant ist, dass einer deutschen Emigrantin in Bern der Nachweis gelang, dass die Amazonenschlacht gar keine Amazonenschlacht, sondern das 9. Abenteuer des Herakles ist und dass Castor u. Pollux garnicht die u. die rauben, sondern eine ganz andere Sache auf dem Bild vor geht. Auch im obern Stock mit den romanischen Altertümem ergaben sich solche Korrekturen. Im Grunde ist mir das grausig gleichgiltig."*

Wenn ich wieder auf das Seminar im WS 1938/1939 kommen darf, den Weg, den Wolfgang Ritzel an der inzwischen heruntergebrannten und verkokelten Synagoge vorbei, nahm und den er später so schildern wird:

*„Ich weiß noch den Morgen nach dieser Nacht der Greuel; ohne eine Ahnung von dem Geschehenen ging ich zur Universität und fand neben ihr die Synagoge in schwelenden Flammen. Damals wurden weite Kreise, die bis dahin unentwegt dem Führer zugeschworen hatten, von Scham und Ingrimm ergriffen – aber ohne beides zu äussern: weil nur allzu bekannt war, dass die Spitzel überall sassen und die Gestapo schnell zur Hand war. Nur den schlechthin Unbelehrbaren und Bornierten fiel es, wenn nicht schon am 30.Juni 1934, so an diesem Novembertag nicht wie Schuppen von den Augen.*
*Ich verlebte den Freiburger Winter ungefähr so wie den vier Jahre zurückliegenden, nur jetzt ohne SA-Dienst und also noch mehr nach meinem Sinn, hörte Vorlesungen über Mathematik und Physik, besuchte die auf ihnen aufbauenden Seminare und Praktika und sass abermals viele Stunden im Philosophischen Seminar. Hier nahm ich auch an Heideggers Kolloquium teil. (..)Dass ich in diesem Semester*

*und noch im Sommer 1939 wissenschaftlich viel profitiert hätte, kann ich nicht behaupten." (Jugenderinnerungen S.176ff)*

Im Haus seiner Grossmutter erreichen ihn folgende Briefe Bruno Bauchs, mit dem er bis zu dessen Tod in brieflichem Kontakt stand

*"Jena, den 11.Dezember 1938*
*Lieber Herr Doktor! Inmitten vieler Arbeit nur einen kleinen, aber herzlichen Dank für Ihre lieben Briefe. (..) Was Sie mir über den Besuch Ihres Freundes in München schrieben – hat mich tief erschüttert. Ich hoffe, .... eine Wendung zum Besseren eingetreten ist. Dass solche Ereignisse Sie tief...., ist ja natürlich und selbstverständlich.. Aber in Ihrem Interesse...wünsche ich Ihnen von Herzen, dass Sie in Ihrer Arbeit Geld und Hoffnung für die Zukunft finden.*
*Auch die herzlichsten Wünsche ...*
*Und viele herzliche Grüsse, auch von meiner Frau*
*Ihr Bruno Bauch"*

*"Jena, den 18.Februar 1939*
*Lieber Herr Doktor!*
*Haben Sie herzlichen Dank für Ihre guten Wünsche zu meinem Geburtstage und die ausführlichen Nachrichten über Ihr Thun und Treiben in Freiburg. Sie haben mir mit beidem eine besondere Freude gemacht. Ich freute mich auch darüber, dass Sie meinen vorigen Brief richtig verstanden haben. Sie dürfen ein für alle Male versichert sein, dass ich sehr ehrlich und herzlich Ihr Bestes will.*
*(... gekürzt)*
*Ihre philosophischen Berichte über Freiburg haben mich natürlich sehr interessiert. Ich weiß nicht, ob ich Ihnen erzählt habe, dass ich vor längerer Zeit Heidegger einmal in Weimar kennen gelernt habe; Wir, d.h. meine Frau und ich, haben mit ihm bei gemeinsamen Bekannten einen ? sehr vergnügten... Abend zugebracht. Er hat uns ..... sehr gut gefallen, wir fanden ihn ganz anders, als er geschildert wird. Vor allem hat er einen guten, feinen Humor. Übrigens hat er vor einiger Zeit eine ganz kleine, aber ausgezeichnete, gedankenreiche und*

*tiefe Abhandlung über Hölderlin veröffentlicht. Eine Besprechung davon habe ich für die „Blätter Für deutsche Philosophie" geschrieben, im nächsten Hefte soll sie erscheinen.*
*Meine Arbeit an dem neuen Buche: „Natur und Geist" ist in diesem Winter ....ganz gut fortgeschritten, trotzdem ich gesundheitlich ..... war. Seit dem Sommer war ich eigentlich nie ohne Schmerzen. Nun ist vor einer Woche ein Blasenstein diagnostiziert worden. Leider ist er so gross, dass er nur durch ärztlichen Eingriff entfernt werden kann. Das soll noch vor End dieses Monats geschehen. Hoffentlich läuft die Sache gut ab, (....) dass ich mich während der Ferien erholen und mich dann kräftig in die Arbeit stürzen kann."*

~~Nun ist nichtklar, wer mit der Bezeichnung „besagter Freund in München" gemeint ist: Ob man Richard Hönigswald darunter verstehen = oder aber ob mit ihm Wolfgang Sommer gemeint ist, den Wolfgang Ritzel vor einer Seminartür Bruno Bauchs kennengelernt hatte, dann aber die Studienrichtung gewechselt hatte und = wie der brieflichen Schilderung Bauchs zu entnehmen ist, eine vorübergehende Stellung in einer anthroposophischen Klinik (vermutlich Freiburg) angenommen hatte. Ob dieser Freundschaft Wolfgang Ritzel wird genau am Todestag Husserls, nämlich am 28. und am 29. April 1938 von Pforzheim aus einen Abstecher nach Freiburg machen, um dort ins Wiesental zu wandern. = und um am ersten Mai, im strömenden Regen = Mathilde Fath notiert es getreulich in ihr Tagebuch = wieder heimzufahren.~~

Aber das so hinzuschreiben, bedarf einer zeitlichen Umstellung, mehr einer Zeitschlaufe in der prolepsis protension zwischen Reden Sagen Tun verschwimmt zu einem er schrieb auf, was er vorhatte ...zu tun ...zu wollen ...

Vergangenes wird als zukünftig beschrieben - April 1938 ist nicht November1938 und auch nicht April 1939 und ist nur bedingt erklärlich mit dem was einer 1948 hat tun wollen, aber immer noch

nicht konnte, also erst 1998 aufschrieb... Die Schwammigkeit meines Zeitbegriffs hat nicht viel gemein mit dem „kairos" - dem Augenblick der Gnade der Übereinstimmung, dem göttlichen Moment einer Theophanie einer göttlichen Erscheinung oder ein Moment da der Mensch von göttlicher Gnade getroffen Herausragendes vollbringt, um mich einer Analyse grob zu bedienen, die Theunissen 1993 bei Pindar herauslesen wollte, und sich bemühte lutherisches Gedankengut (menschlicher Unerlöstheit) Pindar zuzuschreiben (um den Blitz der Gnade - die Besonderheit des kairos - zu akzentuieren) - er hätte auch Hellingrath sagen können, Hölderlin
und mit Hellingrath eben - George.

Die Übung, so steht es in der Semestermitschrift der ersten Stunde, geht auf das Wesen der Sprache. „Sprache" wird vielschichtig verstanden: „*Geläufig ist die Bestimmung der Sprache als Äußerung von Gedanken in Lauten:*
*Sprache in diesem Sinne ist nur, wo gedacht wird, unter Menschen.*"
Sprache sei jedoch auch Ausdruck, „Formensprache", von der - ausgerechnet – Kunsthistoriker reden – „ ohne Gedanke und Laut als notwendige Merkmale". „*Von Sprachfähigkeit reden wir auch, wenn wir eigentlich die Sprechfähigkeit meinen – so, wenn wir sagen, dass einer de Sprache verliert. Seine Fähigkeit, Gedanken zu äußern, setzt vorübergehend aus, ohne dass er zu denken aufhört.*"
Bei Herder beginnt die Abhandlung radikal mit dem Satz: „*Schon als Tier hat der Mensch Sprache.*"
Weil ich ein von Vielem angezogener Leser bin, ein vielzubeschäftigender Mensch, habe ich zuerst Jakob Taubes „Martin Buber und die Geschichtsphilosophie" (in (Taubes „Vom Kult zur Kultur", München 1976) gelesen, habe Hans Leisegang „Gnosis" (Einleitung) hinzugetan - dann Kants Correspondenz mit den Unterstreichungen meines Großvaters und den Text in der Heidegger Gesamtausgabe Bd38 gelesen. Aber <u>nicht</u> Herder.

„*Alle heftigen und die heftigsten unter den heftigen die schmerzhaften Empfindungen seines Körpers, alle starke Leidenschaften seiner Seele äußern sich unmittelbar in Geschrei, in Töne, in wilde, unartikulierte Laute. Ein wildes Tier sowohl der Held Philoktet ...*"

Und dann, als ich es endlich tat, fiel mir auf, dass Heidegger garnicht vom Schmerz spricht. Das was Herder erst aufzuzeigen hat, dass eine sprachliche Äußerung von einer seelischen Empfindung oder einer körperlichen Empfindung, die genauso gut ihren Ausdruck finden könne – und viel aussagenreicher – wie die Träne der schönen Seele - übergeht Heidegger ganz.

Schmerz wird so sehr nicht erwähnt, dass er noch nicht mal Teil der „mechanischen Sprache" ist, der von selbst ausbrechenden Schreie.

Entgegen den Überlegungen von Wittgenstein, die Analyse von Thomas Rentsch „Heidegger und Wittgenstein" bleibt im Moment, bitte, völlig außen vor, ist man versucht zu sagen, könnte man sagen, dass es hier einen abgrundtiefen Unterschied gäbe zu Wittgensteins Privatsprache – denn die umkreist den Schmerz und hängt andauernd am Schmerz fest (ohne sich daran festhalten zu können).

Schmerzen „übersetzt" man nicht.
Vorallem nicht in der wattierten Welt der Mathilde Fath, in der „Adventskalender" gleich ahnungslos neben „Namensgebungen" und „Progromen" stehen - so wie Schokoladenpapierchen in den Meinerschen Ausgabe von Kants Briefwechsel stecken, die auf mich warten -
lose Alublättchen, die, ein Bild, eine Paraphrase, den Kopfschmerz, den Zahnschmerz vorwegnehmen, mit denen ich heute in eben dem Band nach Mendelssohn suche, nach Hamann und Herder, die als Briefpartner Kants in eben diesem Band versammelt sind.

Wenn Grammatiker

Nach meiner persönlichen Erfahrung im transnationalen Kulturschaffen und natürlich in meiner Eigenschaft als Grenzexistenz, die viele Jahre lang Philosophen zugesehen hat, ist es mitnichten so, dass die heutigen Alltagsmenschen einem unbekannten Wort in einer unbekannten Lautfolge Sinn zusprechen und erst recht nicht Vernunft; selbst der Versuch, eine andere Sprache zu erlernen, macht Schwierigkeiten: Je mehr ich mich bemühe, eine fremde Sprache zu lernen, desto größer wird die Gefahr „dumm" und unverständlich zu erscheinen. Das gilt natürlich erst recht für den Nichtphilosophen, der philosophische Begriffe verwenden will, so, wie ich Rentschs Schlusswort von der „anamnetisch-kritische Praxis einer sinnkriterialen Analyse".
Schliesslich lese ich, Nataly Ritzel, dem Protokollanten Wolfgang Ritzel, über dessen Schulter gebeugt, mit und lese das, was ich von ihm gelernt habe, mit.

Und bei mir sitzt das Benjaminsche Diktum tief, sitzt verdammt tief.

Aber es geht hier nicht um Übersetzung.

Weder um Übersetzung zwischen Mensch und Tier noch von einer Sprache in die andere. Deshalb brauche ich auch hier nicht einen der wenigen Aufsätzen von Moritz Löwi „Kurze Bemerkung zur Frage des Übersetzens" zu zitieren:

*„Diese Konstanten (eines Sprachsystems) lassen häufig einfach Zuordnung zu entsprechenden Verhältnissen des anderen Sprachsystems zu. Wir meinen damit, folgendes: der Gegenstand, den in unserer Sprache das Lautgebilde „Tisch" repräsentiert, findet auch in der Fremdsprache seine Repräsentation"..nämlich „table".*

Noch Bubers Erklärungen zum System seiner Übersetzung:

*„Deutsche Lautgestalt kann nie hebräische Lautgestalt reproduzieren, aber sie kann, aus analogem Antriebe wachsend und analoge Wirkung ausübend, ihr deutsch entsprechen, sie verdeutschend. Damit er solchem Anspruch gerecht werde, muss der Dolmetscher aus dem hebräischen Buchstaben wirkliche Lautgestalt empfangen; er muss die Geschriebenheit der Schrift in ihrem Grossteil als die Schallplatte ihrer Gesprochenheit erfahren?;...."*
*„Gott sagt zu Josua nicht, das Buch der Tora solle ihm nicht aus den Augen; sondern, es solle ihm nicht „aus dem Munde" weichen, er solle (das bedeutet das Folgende eigentlich) darin „murmeln", d.h; die Intonationen mit leisen Lippen nachbilden." (Martin Buber / Franz Rosenzweig Anhang S(8)*

Aber wenn es auch nicht um Übersetzung geht - die hebräische Sprache wird ja ebenfalls nicht erwähnt - so darf ich doch auch umgekehrt nicht aus dem Schweigen in diesem Seminar, ein leises Murmeln, ein Druntermitsprechen herauslesen, das beide, Redner und Hörer - dazu bringt, in dem Unausgesprochenen einen gleichen

Inhalt und das gleiche Wissen zu teilen...
So als müsste der Heidegger verstanden haben, was der Wolfgang Ritzel nicht gesagt hat – oder als müsste der der Doktor verstanden haben, was der Heidegger garnicht sagen konnte.
Das Wort, um das es hier geht und es mag noch eines meiner recht einfachen, blöden Bemerkungen sein, betrifft nicht nur das Vorgefallene außerhalb des Seminarraumes, außerhalb der Universität und doch in unmittelbarer Nachbarschaft, es ist ein Wort, das sich vor dem hinplanierten Hintergrund eines konzentrierten Schweigen ereignet - ein Schweigen des Protokollanten, der, wie Jonas schildert, zu sauberer Kopie angehalten war, dem es drauf ankommen musste, eine saubere und präzise Zusammenfassung des im Seminar Vorgetragenen zu erstellen.

Wenn Sie mir also erlauben, mit einem Sprung - so als wäre ich versehentlich auf die Play-Taste gekommen - den Heideggerfilm weiter ablaufen zu lassen...

*„4. Warum fragen wir nach dem Wesen der Sprache?*
*Ist nicht dieses Fragen schon ganz aus dem unmittelbaren wirkenden „Leben" herausgefallen? – Steckt in ihm nicht eine vielfache Verstrickung und Verfilzung? Das nachträgliche und Ausweichende – oder? Ein ganz Anderes? (Das Wort des Seyns) „*

um zu dem Moment zu gelangen, da Heidegger nun etwas sagen könnte. Darauf hinweisen hätte können, dass in den Sprachen, und auch in den als Nationalsprachen nichts an den valeurs éternelles hängt. Meine ewige Unterstellung, meine recht hoffnungslose Erwartung, da ich doch weiß, dass der Sommer 1939 die letzte Gelegenheit gewesen ist und vorüberging: Also zurück zu Martin Heidegger:

*„Wie aber durch solche Besinnung? Doch allein durch das Sagen! Aber wenn Macht und Ohnmacht die Möglichkeiten umstellen und bestimmen – muss nicht erst die ursprüngliche Hörigkeit für das Wort gegründet werden? Wie anders dies jedoch als durch eine Wesensbesinnung?*

*Denn das Wort ist schon gesagt – noch „sind" nicht und finden noch nicht ins Wesen die Hörenden."( S.5)*

Während Heidegger meine oberflächliche Erwartung, er werde etwas Erhellendes zu dem von Bauch/Cassierer verzwisteten Problem von Nation und Kultur beitragen werde, nicht erfüllt:

*(Es sei) „nicht die Absicht auf die Sprachwissenschaft und deren Grundlegung, sie will ebenso wenig ein Teilgebiet der Philosophie eine Disziplin derselben abhandeln .... weder Sprachwissenschaft noch Sprachphilosophie ist gemeint, sondern die Besinnung auf den Ursprung (Wesensgrund) der Sprache aus dem Wort; das Wort jedoch als Wesung der Wahrheit des Seyns."*

Und er auch vorerst nichts beiträgt zu dem (in meiner Vorannahme) vermeintlich damit einhergehenden Problem der Nationalsprachen, das die Frage regeln könnte, inwiefern gedankliche Leistungen nur innerhalb eines nationalen Sprachgefüges möglich sein sollen, an das sich die Annahme einer Hierarchie kognitiver Leistungen von Völkern anschließt, wie es in einem Statement von W.Ritzel aus dem Jahr 1952 ersichtlich wird:

*„Dies ist...allerdings die Aufgabe der Philosophie: der Nachweis also, dass jede Möglichkeit verantwortlicher, d.h. an einen verbindlichen Maßstab orientierter Entscheidung letzten Endes jener einer übergreifenden Wahrheit untergeordnet und somit dem Kosmos eingeordnet ist, zu dem die Wahrheit sich differenziert – dass also nur, was seinen Ort innerhalb dieses Kosmos hat, als Leistung gelten darf, während eine Position, die sich ihm nicht einfügt, auch keinerlei Wert – theoretischer oder ethischen, ästhetischen oder religiösen oder rechtlichen – für sich beanspruchen kann."*

Um überhaupt erst einmal den Boden zu bereiten für die Fragen nach dem Wesen der Sprache, fasse ich schnell einige Bemerkungen zusammen, die sich, in Anbetracht einer fehlenden Einleitung, nur meiner sprunghaften Lektüre verdanken.

„*Die Frage nach dem Wesen der menschlichen Frage ist gekoppelt mit der Frage nach dem Wesen des Menschen. Dieses ist aber eben auch durch die Sprache bestimmt. Die Sprache nach dem Wesen der Sprache gerät damit in einen Zirkel.*" Denn die Seminarteilnehmer durch die Übersetzung von logos und legein mit „sammeln" einholen: „*Dies in der Sprache enthaltene Sammeln ist aber das was wir meinen, wenn wir „denken" sagen.*"

„*Der Laut bedeutet das eigentlich Vernommene" aber das Phonetik wie die Grammatik ist das, was an der Sprache zuerst zugänglich wird*".

„*Dem uneindeutigen Sprachbegriff Herders, der aus Tier-laut, Natursprache und Menschensprache kein eindeutiges Bild der menschlichen Sprache ableiten kann, eine Klarstellung abzugewinnen, wird über den Umweg des Menschen als Ebenbild Gottes und Gott als Logos versucht:*

*Mit einer wesentlichen Einschränkung: „das Wesen des Menschen wird also ebenfalls von der Vernunft bestimmt, die - wie wir sahen - irgendwie in der Sprache gegründet ist. Nur die Beziehung vom logos zum Menschen scheint eine andere zu sein und muß in dem entdeckt werden, was unter Ebenbild verstanden wird. Eine derartige Untersuchung würde in unserem Zusammenhang zu weit führen.*"

Nun will ich gleich hinzusagen, daß ich, neben meiner Heidegger /Ritzel Lektüre, man peppt sich nunmal gerne selber auf, Benjamins Übersetzungestheorien nebendran liegen habe. Das muß ich eigentlich nicht sagen, selbst in einem philosophischen Diskurs, wenn ich denn die Absicht hätte, einen zu führen, muß man nicht alle „Karten" auf den Tisch legen. Man sagt nicht gleich, was man denkt....sozusagen.

Das Problem ist, dass in der immer noch aktuellen Debatte Annahmen über Sprache und Philosophie zu Gange und am Werk sind - gerade dann wenn sie weltanschauliche, rassistische, biologistische Voreinstellungen kritisieren wollen, die ihrerseits mit Voreinstel-

lungen moralischer oder werthaltiger Art belastet sind : seien sie
utopische oder auf in naher Zukunft realisierbarer Art wie: Verantwortung oder andere ethische Anforderung an den Philosophen .
Die andererseits aber nicht mit dem Urteilsfinden und Urteilfällen
der Jurisprudenz zu einem Ende kommt: wir werden noch auf das
Strafrecht zu sprechen kommen.
So wie die Geschichte der Philosophie mit einem Prozess beginnt,
nicht wirklich, aber man könnte e sin die Abnfangsgründe hineinverlegen, nicht, Nein? So liesse sich auch die hier in Freiburg geltende
Auffassung von Philosophie der Rechtssprechung annähern,
IN DER ÜBERSETZUNG - einem in und über der Philosophie
vehiculierten Sprachbild, dass - wieder übersetzt - in Jurisprudenz
Verständnis oder Subsumption finden - also strafrechtliche Konsequenzen haben kann. Oder sollte.
Tun wir doch nicht so, als sei ein „Anfangsverdacht" nicht Ausgang
heuristischer und hermeneutischer Verfahren. Sie werden diesen
Text nicht „neutral" lesen.
Der Anfangsverdacht, mit dem wir über Phänomenologie und Philosophie reden, ist nicht aufgehoben.
Man ist versucht, zu sagen: besser als mit diesem Anfangsverdacht
gegenüber einer im Vorhinein konditionierten Philosophie, philosophischer Begriffe und den darin liegenden Abbruch, könnte
man garnicht in die Debatte um sozialen Wertformen einsteigen,
die, wenn ichs richtig verstanden habe, heute in Basel „konzipiert"
oder „neuformuliert" wird.

Aber ich würde gerne wieder zu Heidegger und Herder zurückgehen. Es ist, als würde Heidegger eine kleinst mögliche Einheit von
Sprache isolieren wollen, einen Grundbaustein, der „lebendig",
„dynamisch", prozesshaft ist wie die „Geburt oder die „fondation",
der sowohl Anfang sein kann wie Beginn...ich weiß nicht, ob damit
URSPRUNG gemeint ist, in meiner bescheidenen Welt brauche ich
das Wort URSPRUNG nicht - es ist als würde man mich mit einem
überdimensionalen Fliegenfänger ausstatten. Sie werden sagen:
„Das liegt nahe" oder: „Versteht sich".

Deshalb erlaube ich mir, kurz summarisch die Notizen und Semesterprotokollen in Anfängerschritten zusammenzustellen, damit ich ein paar „Einheiten" habe, mit denen ich „spielen" oder diskutieren kann.

*„Es gibt für Herder eine Tiersprache; er hat einen sehr weiten Sprachbegriff. Sprache ist nicht Wortsprache: das Tönen in Empfindungen beim Tier ist für Herder Sprache, weil es ein Sich-äußern, ein Kundgeben, ist, eine Mitteilung, die auf einen bestimmten Wirkungskreis und an gleichartige Wesen gerichtet ist. Die tönende Seite hat keine „Lautbarkeit"; sie äußert nichts und hat in diesem Sinn keine Sprache."*
*„Der Gebrauch der Besonnenheit oder Vernunft die Ausbildung der Wortsprache ist, dann ist das der genetische Beweis dafür daß von der Natur des Menschen - eben jener Besonnenheit als Sprachgrund - die Sprache hervorgebracht - erfunden wird" 167*
*„Besonnenheit als Mittelglied der Gleichung von Bestimmung und Vermögen. Besinnen ist ein Vorstellen. Aber anders als das Tier das in seine Triebe „eingesenkt" - stellt der Mensch , aus dem Ozean der Empfindungen das an seinen Sinnen vorbeirauscht - in eine Helle* nein: *„die „mehrere helle""* ....Diese Feststellung wird noch einmal umformuliert zu: *„nimmt es in helle Obacht"*.
In meinem Schnelldurchlauf des Seminars, das nun zum Ende der 5. Semestermitschrift gekommen ist, wird Herders Rückgang auf Leibniz sichtbar: *„klar und deutlich"*
und Leibniz wird zitiert, „dass dieses Axiom nutzlos sei, denn oft erscheinen dem Unbesonnen Urteilenden Dinge klar und deutlich was dunkel und verworren ist". Harscher noch:

*„Herder ist kein Leibnizianer",* er kann nicht von der Leibnizschen *Philosophie historisch erklärt werden. Und dennoch: Sein eigenstes Schaffen erwirkt die lebendige, wenngleich nicht „denkerische" geschichtliche Ausstrahlung des Leibnizschen Denkens in die Gestaltung des deutschen Wesens zur Zeit der Klassik und des „deutschen Idealismus"....*
*Herder bringt so die gemäße Schwere, den Drang und die Flut, das*

*Überströmen und das Wilde, das Dunkle und das webende zur freien Waltung im deutschen Wesen und verschärft erst den Kampf um dieses - ohne dass irgendein Schritt aus der abendländische Metaphysik vorbereitet wurde; im Gegenteil: das Verhängnis seiner Erneuerung in der „Lebens"philosophie und in der Volkstümelei!" ( ebd. § 34, S. 44 )*

Bevor jetzt die 6. Semestermitschrift beginnt und bevor noch der Protokollant Wolfgang Ritzel seine Mitschrift mit der Frage nach der Bestimmung der Freiheit beenden wird, habe ich aus meinem, mir von W.Ritzel zugekommen Bücherschrank ein anderes Buch geholt. Da es mit ziemlicher Sicherheit seinen philosophischen Vorbestand ausmacht, Teil seiner individuelle Privatbibliothek und philosophischen Vorgeschichte, die er gelesen und wieder gelesen hat, durchgesprochen, sich nicht angeeignet und beiseitegelegt hat. Man wird einwenden, dass eine Philosophiegeschichte, die nur Familiengeschichte ist, keine philosophische Geschichte ist. Es ist im besten Falle eine Anekdotensammlung, mit Schmutz- und Fettflecken. Das Buch des Hermann Ritzel ist ein Ausblick, kein Buch mit philosophiegeschichtlichem Anspruch. Ich werde noch darauf zurückkommen.

*„(Lipps) definiert oft das Apperizipieren als das Meinen oder Denken. Aber dann weist er ihm auch Leistungen zu (wie die Gestalterfassung), die wir nicht mehr als Meinen bezeichnen können, sondern der Klasse der Vorstellung oder Wahrnehmung (im weitesten Sinn) zurechnen müssen. Husserls Arbeiten gaben einer Reihe von Forschern wie Marbe, Ach, Messer, Bühler die Anregung zur experimentellen Untersuchung der Denkvorgänge, darunter auch des Bedeutungsbewusstseins beim Verständnis von Worten, d.h. des Meinens. Man erkannte, dass das Wortverständnis nicht zusammenfallen kann mit dem Vorhandensein anschaulicher Vorstellungsbilder. Denn es ist vollkommen deutlich, während die Vorstellungsbilder oft schwer zu erkennen sind, es meint den ganzen genanten Gegenstand, während die Vorstellungsbilder ihn meist nur stückweise und verstümmelt geben, es beharrt, während die Vorstellungsbilder schwanken."*

Ich habe mich lange gefragt, ob es Sinn macht, Hermann Ritzel heranzuziehen, dessen Arbeit erst veröffentlicht wurde, als er schon gefallen war. Und die Wolfgang Ritzel zwar kannte, von der er aber nicht wußte, dass man sie 1916 im „Jahrbuch für Philosophie und Phänomenologie" veröffentlicht hatte. Unzulängliche Handreichungen in einer philosophischen Beziehung, in der es keine philosophischen Eros gibt, noch Anteilnahme, nur Nachlassverwaltung.

Martin Heidegger hat Hermann Ritzel nicht erwähnt, und um ehrlich zu sein, ich habe nicht mal im Heidegger - Nachlass nachgefragt. Meine Vorbehalte gegen die universitäre Forschung sind manchmal schwer zu überwinden. Immerhin habe ich an anderen Orten nach ihm gesucht. und im Moment gilt er mir nicht mehr als ein blinder Fleck.
In meinen Überlegungen will ich gar nicht unterstellen, dass der junge Martin Heidegger noch den Hermann Ritzel gekannt hat. Ich will auch nicht wissen, ob es zur Zeit der Assistenzzeit Heideggers bei Edmund Husserl so einem noch so banalen Hinweis gekommen sein könnte, einer Daubertschen einer Reinachschen Freundschaft, ein Hinweis, der für den Assistenten Heidegger wichtig gewesen sein könnte. Noch will ich wissen, ob Hermann Ritzel die Gedichte Stefan George las, oder ihm, wenn er in München durch die Strassen lief, hinterhersah. Womöglich gar Albert Verwey kannte, da seine Verlobte Carolina Tromp, eine ferne Nachfahrin der holländischen Admiräle und Kriegshelden Marten und Cornelis Tromp wie Verwey in Noordwjik ein Domizil besass. Und ich will auch nicht wissen, ob man beim Strandspaziergang sich über den Weg lief.
Es sind mir diese Mutmaßungen des realen Lebens, Abschattungen, so, als würde man eine Hand vor Augen halten.

In Hermann Ritzels zweiten Dissertationsanlauf, im Juli 1914 eingereicht und betitelt: „Über analytische Urteile. Eine Studie zur Phänomenologie des Begriffs" kann man unter anderem lesen:

*"So verfügt das Meinen gestaltend und in gewissem Sinn souverän über seinen Stoff. und noch in einem anderen Sinne zeigt es sich diesem gegenüber frei: es kann gegenständliche Momente ohne Rücksicht auf deren „Selbständigkeit" für sich intendieren. Die Wahrnehmung muß einen Gegenstand in der Verflochtenheit seiner unselbständigen Merkmale hinnehmen. Auch die Beachtung eines einzelnen Merkmals löscht die Wahrnehmung des anderen nicht aus. So wird es auch in der Vorstellung sein. Die Klangfarbe eines Tones werde ich nur vorstellen können, wenn ich den Ton in bestimmter Höhe vorstelle. Gedanklich dagegen kann ich die unselbständigen Merkmale beliebig trennen."*

Nun schliesst sich hier, vielleicht, eine leise Replik an: von Husserl im Anschluß an die Vorlesungen zur Phänomenologie des Inneren Zeitbewußtseins an: Beilage XIII. Konstitution spontaner Einheiten als immanenter Zeitobjekte... ."*... so ist das Gemeinte; es kann in unzähligen Urteilsakten dasselbe gemeint sein im absolut identischen Sinne, und dieses selbe kann wahr und falsch sein."* Aber Husserl spricht hier von einem mathematischen Urteil und dieses geht mich nichts an. Gap closed.

Nun hat Hermann Ritzel unter den frühen Schülern Husserls nicht den besten Ruf, vermutlich nicht allein deswegen, weil man praktisch nichts über ihn weiß.

*"Es könnte Sukzessives nur sukzessiv vorstellen. Eine Symphonie z.B. ist nur sukzessiv vorstellbar. Wenn ich hingegen sage „Die 9. Symphonie", so meine ich simultan diese Folge von Tönen."*

Ich weiß, nach einigen Recherchen, dass er 1899 sein Studium in München begann und es erst 1914 - nach geduldeten 15 Jahren - mit dem posthum erworbenen Doktorgrad abschloss... Wenn man so will.

*"Vielen Logikern ist die Allgemeingültigkeit der Bedeutung ein Kennzeichen des Begriffs im logischen Sinn. Jeder durch ein Wort geweckte nicht sprachübliche oder sprachkritisch geforderte Sinn wäre dann kein logisches Gebilde. Man mag den „logischen Begriff" in diesem Sinn*

*festsetzen. Wir bleiben, wenn wir als Begriff **j e d e n** , auch den vom konventionellen oder kritisch fixierten Sprachgebrauch abweichenden Wortsinn gelten lassen, durchaus im Gebiet logischer Betrachtungen – eben weil wir im Gebiet des S i n n e s bleiben. Denn der Sinn als solcher ist das Thema der Logik. Begriffe, Urteile, Schlüsse sind Sinnesgegebenheiten."* (meine Hervorhebung NR)

Dennoch will ich in dieser nur für mich lesbaren Auseinandersetzung von Martin Heidegger mit HERMANN RITZEL, von der mein Protokollant Wolfgang Ritzel gänzlich unberührt bleibt, nicht so tun, als wäre Hermann Ritzel ein Jünger Stefan Georges, Hermann Ritzel, der ab 1901 in München wohnt, in der Türkenstrasse logiert, ein zwei drei Jahre lang und, später, in der Clemenssstrasse .
So wie bei Heidegger nichts auf Hermann Ritzel hindeutet, so wie in Hermann Ritzel Schriften nichts auf George hindeutet.
Man wird sagen, das ist meine dichterische Freiheit. Mir einen Philosophen zu denken, der inmitten des Schwabinger Trubels wohnt, in den Cafés der Schwabinger Bohème ein- und ausgeht, aber selbst davon unberührt bleibt.

*„Ich sage „die Stadt München" und meine dabei diese Stadt. Stelle ich mir sie dann vor mit ihren vielen hundert Häusern, ihrem System von Straßen, Plätzen, Anlagen?"*

Der Abgrund der Philosophiegeschichte vor dem ich jedenfalls mir die Stadt München denken muss, die Türkenstrasse denken ohne Hermann Ritzel, denn wenn mir das Vorlesungs- und Personenverzeichnis der königlich-bayrischen Universität München sagt, Hermann Ritzel habe in der Türkenstrasse gewohnt und zwar mindestens im jahr 1901, schliesslich muß er selbst das dem Studentenbüro so mitgeteilt haben, so weiß ich kaum mehr darüber hinaus - nicht unweit des Alten Simpl oder dem Kabarettlokal Simplicissimus, in dem Wedekind oder Karl Valentin verkehrten... während er selber ins Café Minerva gehr, Akademiestrasse....mehr wie gesagt, weiss ich nicht, Mutmassungen hab ich jedoch genügend

zur Hand um ein neues Kapitel zuschreiben…über einen Schwabinger Philosophiestudenten, der 15 Jahre lang an den Kneipen vorübergeht und NICHT LAUT gedacht haben will, kurz, in diesem meinem dunkel verworrenen Gemälde ein verschwommenes Ich hervortreten lassen, zuviel Blond, zuviel Licht und Grelle, das ein Gesicht verdunkelt.
Um mein visuelles Chaos ……mon chantier, rempli de citations et des idées préfabriquées - zu „optimieren" und in besserem Licht darstellen zu lassen, kann ich sagen:
Ich versuchte, in einer Mentalitätsgeschichte, in der Benjamin neben George neben Heidegger steht, ein gewisses geistesgeschichtliches Feld zu beschreiben, das die erste Hälfte des 20. Jahrhundert ausfüllen kann, vermittelt, erweitert um Natorp, Riehl über Simmel, Georg und Simmel Getrude, geb.Kinel alias Marie Luise Enckendorff und Gertrud Kantorowicz hin zu einer Art Verfallsgeschichte, die unaufhörlich nach vorne stürmt und doch eine damit eine Philosophiegeschichte beschreiben, die in derart krass platonischem Licht gehalten ist, so als würde sie die Dinge verdunkeln, die sie hervorhebt.

Die Aura - eines Gegenstands. Und es wäre allerdings die Frage, inwiefern die technischen Neuerungen der Photografie und die Möglichkeiten, sie zu nutzen, die Bilder also, die Hermann und Albert Ritzel machten - und die ich heute „an ihnen" ablesen kann, denn sie haben sich selbst darauf abgelichtet, zu mir von ihnen reden. Die zwei drei Bilder, die Hermann von sich hat aufnehmen lassen, draußen, und das letzte in Uniform:
Graue Unschärfe.
Ob diese von ihnen so - wahrnehmungstechnisch - beabsichtigt waren - und damit auch tatsächlich eine philosophische Sicht auf das Ansich und Dasein der Dinge und Menschen Situationen und Perspektiven ermöglichte, dass sie als Familienbild auch das Sehen des Wolfgang Ritzel geformt hat, der als Sohn, als Neffe . . .
kann ich nicht sagen. (Nur soviel weiss ich:
Im Hause Theil wurde ganz anders fotografiert.
Scharf, präzise und doch durchkomponiert, ironisch arrangiert).

Ich habe lange überlegt, ob es überhaupt einen Sinn macht, hier die Parodie eines Mikrokosmos zu zeichnen. Das ist für meine bescheidenen Kräfte natürlich schwer, da die Schwabinger Welt selbst ein Zerrspiegel ist, aus den vielen KonvexKonkav-Welten gebildet der Wedekinds, Reventlows, unter denen der Simplicissimus Zeichner Karl Goetze nur einer ist, um nur einige zu nennen, die, zusammengenommen, so viel mehr als eine Hohlform bilden, aus der ein blindes, kaum zu identifizierendes Ich: eine persona heraustritt.
In einer Mentalitätsgeschichte färben Verhaltensweisen, Meinungen ab, die - aufs Ganze bezogen - noch vorsprachlich zu nennen sind, attitudes, ungeformte künstlerische Versuche, die dem Kunstgeschmack nie entsprechen werden, geistreiche Einfälle, die es nicht in den philosophischen Diskurs geschafft haben. Ich will nicht behaupten, dass Philosophiegeschichte Verfallsgeschichte sei, aber ich muß Ansichten heranziehen, für die es dass ist - sei es nun die einer christlichen Philosophie oder einer Philosophie die sich auf christliches Heilsgeschehen bezieht oder auf ein nicht - christliches Heilsgeschehen bezieht - oder Ansichten, für die es aus anderen Gründen eine Verfallsgeschichte ist ..eine moralische Dekadenz, die, wie im Falle der Gertrud Kantorowicz sie von Herrlingen bei Ulm ins KZ Theresienstadt führt.

*„Die Peterskirche" ist mit allen ihren Teilen gemeint, wenn ich von ihr spreche. Das, was mir die Vorstellung der Frontansicht bietet, ist nicht der Gegenstand des Meinens." Hermann Ritzel, ebd. S.36 )*

Die Phänomenologie des Begriffs, in diesem Titel - da liegt schon mein ganzes Missverständnis.
Das Unternehmen des Oberseminars, das sich zum Wesen der Sprache vortastet, unter Berufung auf Herder ohne Schmerzen und ohne die Annahme einer hebräischen, biblischen Schöpfungssprache, hat für mich kein anderes Ziel, als eben eine Phänomenologe der Sprache zu vorzubereiten - ein Sprachfeld vorzubereiten, einen Boden zu rekonstruieren, auf dem der kantianisch geprägte „Begriff" ins Unnennbare weggefallen, erneuert wird. Erneuert wird, und der

Verdacht dabei ist, dass es unter den Vorzeichen und Auspizien einer christlichen Wiedergeburt stattfindet.

Es gibt Rekonvaleszenten, aber man kann sie nicht sehen.
Hermann Ritzel, schrieb das, Martin Heidegger würde das nicht tun. (und wenn ich das so hinschreibe, dann kommt mir eine Äußerung von Kambartel hoch, meine Konstanzer Erinnerungen, gebrauchstechnisches Philosophieren, wenn Heidegger das nicht tun würde würde es auch nicht denken - oder: wenn wir das so nicht tun würden, dann würde es auch keinen Sinn machen, es so zu sagen).

*„Es gibt negative Gegenstände. Der Mangel, die Lücke, die Leere, die Farblosigkeit, Unschönheit. Verwandt mit ihnen zeigen sich - weil sie auch unsinnliche Gegebenheitsweisen eines Gegenstandes sind - Gegenstände wie Einsamkeit, Stetigkeit, Wechsel, Veränderung, Neuheit, Seltenheit u dgl. Nie bekommen wir solche Gegenstände zu Gesicht, nie fasst sie unsere Vorstellung." (ebd.S.38)*

Das Bild einer Zeit - ist auch so ein Begriff, ein „Gemälde seiner Zeit" - man kann nicht sagen, beispielsweise, dass sich Hermann Ritzel durch die leere Aura des George hindurchbewegt habe - wie durch eine Hohlform. Comic-Strip-Ideen.
Im Gegensatz zu, sagen wir: den Erwartungen, die an eine Familienbiografie geknüpft werden, muss ich eine Person mit NICHTS beschreiben, allerdings stehen mir sehr viele Möglichkeiten zur Verfügung, um diese Hohlform mit Nichts auszugestalten - so wie viele Farben schwarz ergeben, um daraus NICHTS zu machen.

Und dabei gibt es das philosophische Problem, wie ich von einer „Ankunft" des „Sich Ereignenden" sprechen kann:
so wie wir merkwürdigerweise PERMANENT erwarten
dass Kunst und oder Dichter in der Zeit vorgreifen, dass DIE Kunst und DER Dichter etwas vorausspüren, was viel später erst eintrifft, die „prophetische Gabe" der Dichter - von der es mir sehr lieb, wäre, wenn man sie endlich beiseitelegen würde.

Deshalb zitiere ich Walter Benjamins ‚Rückblick auf George. Zu einer neuen Studie über den Dichter':

„*Es wohnt in diesem Dichter selbst ein Gegenspieler des Propheten. Doch was er fasste, war die gleiche Ordnung, die – wenn auch mit viel weniger edlen Mitteln – den alten Mächten aufrecht zu erhalten am Herzen lag. George ist es darum nicht gelungen, seine Dichtung dem Bannkreis von Symbolen zu entziehen, die keineswegs – wie die von Hölderlin – gleich Quellen, aus dem Erdreich einer großen Überlieferung gesickert waren, an die Oberfläche traten. Vielmehr ist die Symbolik dieses Werks sein Brüchigstes. So scheint der Schatz der in Georges Dichtung eingesenkten geheimen Zeichen heute schon als ärmstes, ängstlich bewahrtes Eigentum des „Stils"....es ist der Jugendstil, mit anderen Worten der Stil, mit dem das Bürgertum das Vorgefühl der eigenen Schwäche tarnt, indem es kosmisch in alle Sphären schwärmt und zukunftstrunken die Jugend als Beschwörungswort missbraucht.*"

Die Prophetie George. Die hinter bleierner Wand, früher Düste einer Verschwiegenheit,
des im Wunder, im Geheimnis geeinten...

„*Aber was bedeutet diese Kälte, diese Impassabilité, von der man soviel und so beständig spricht? Es ist gewiß, dass ein Gefühl, das sich so häufig wiederholt, tiefe seelische Fundamente haben muß..*"
Lukacs spricht von Einsamkeit, in der sich - nun wieder ohne Lukacs - George auf ~~den Führer bezieht, beziehen soll die Vorwegnahme des Nationalsozialistischen Deutschlands, in dessen Namen~~

Aber ich muss mich nicht an die vorgeschriebene Zeitlichkeit dieser angeblichen prophetischen Führungsrolle der Dichtung halten. Ich muss es generell nicht tun, Das hat etwas mit Nacherzählen zu tun und Nacherzählen beginnt im Moment des Ersten Lesens.
Doch bleibe ich im Bild gefangen. Ich lese aus dem Heute von 2015 oder von 2016 eine ähnliche Struktur des vergangen zukünftigen Mangels...die Maximilian - Struktur aus einem ganz anderen per-

spektivischen Winkel wieder hinein. Die Abwesenheit, das blind aus dem Bild herausfallen. Nur beziehe ich diesen blinden Fleck, statt auf den jungen Maximilian Kronberger, auf Hermann Ritzel. Den Mechanismus einer von der Texthermeneutik vorgeschriebenen „zukünftigen Zeitigkeit" (wenn ich „prophetics" mal so lax umschreiben darf) muss ich allerdings auch nicht für das Jahr 1939 annehmen.
Nacherzählung beginnt nicht erst 2015, da ich mich mit der bleiern abgeschlossenen Welt beschäftige, einer Dichtung, an die geglaubt werden musste, weil ihre Worte sich an einen Geltungszusammenhang anschliessen, der mir heute fehlt. So wie ich Pindar gegenüberstehe und dessen längst Vertanen, vielleicht besser : „in Anspruch genommenen" kairos...Aber vermutlich werden Sie sagen, vielleicht habe ja Heidegger daran geglaubt und es wär mein Job, das wissenschaftlich herauszuarbeiten.
In der Biographie Georges von Karlauf bespricht dieser Georges „Hang zu Banalität". Als einen, der „jeden philosophischen Überbau für seine Dichtung ablehnte". Vielleicht ist es ja auch ein Trick von George, so zu tun als ob, da nichts wäre, kein Überbau, damit die Leser umso sicherer .....


Prophetie leere Zukünftigkeit -
das woraufhin -
fehlt
wie man vermuten könnte -
in einer Zeit der Umdeutung, eine in Fragestellung und Suspendierung jedes woraufhins -
Edith Landmann .... *„daher die Mahnung des Dichters, die im Augenblick enthaltene Ewigkeit nicht mit Dauer in der Zeit zu verwechseln, nicht das perpetuieren wollen, was einzig war, und was nur der Augenblick hergab oder forderte."*
Während hingegen in Georges Lebensumfeld, so Kahlauf, durch Webers Charisma-Studien treffend bezeichnet, und von ihm in mühsamer Arbeit „herangezüchtet" die Gemeinschaft von George-Jüngern für eine Wiedergeburt steht: die Wiedergeburt der

ganzen Persönlichkeit (des Schülers) durch den Eintritt in diese eine besondere Erziehungsgemeinschaft. Dieser Eintritt bedingt eine vorerst individuelle Veränderung durch die Abwendung von der die Gemeinschaft umgebenden Gesellschaft und die Umgestaltung der gesamten Lebensführung. Isolierung, Abwendung und gleichzeitig das Offenhalten der Gemeinschaft hin zur äusseren Welt, die zur Sicherung der Kontinuität und des Überlebens der Gemeinschaft notwendig sei... kurz, eine Veränderung, ein Erdstoss, dessen Epizentrum vom Einzelnen aus Wellen nach aussenhin sendet.
Und dennoch und immer noch könnte man sich fragen, warum Heidegger sich ausgerechnet Stefan George aussucht.
Georges Jünger waren, so die Schilderung des Biografen, waren zumindest 1933, in den letzten Lebensmonaten des Dichters, von dem neuen Regime begeistert. Für die Jüngeren, zitiert er Morwitz, sei es sehr schwer, die Texte Georges zu lesen und nicht zu glauben, was in Deutschland jetzt geschehe, sei das, was George gewollt habe." (zitiert nach Kahlauf , S.615 Zitiert 25
Auch Edith Landmann habe bezeugt, dass George sich im Ton des Neuen Deutschlands wiedererkannte. Dieser Art gemachte Äußerungen Georges sollten aber nicht als Bekenntnis zum Nationalsozialismus überbewertet werden.
Auch direkten Einladungen des Regimes habe George, in seinen letzten Lebensmonaten, obwohl geschmeichelt, jedoch nicht beantwortet. Es sie nicht darauf eingegangen.
Selbst Walter Benjamin, den Kahlauf heranzieht, habe noch 1940 in Georges Werk ein „Vorwegnehmen" ein Vorzeichen des Veitstanzes gesehen, der über Deutschland hinweg zieht.
Selbst in den frühen Jahren, zwischen 1900 und 1910, da George einen Prozess der nationalen Selbstwerdung durchläuft, wie Kahlauf schreibt - als George-Nichtkenner bin ich auf seine Biographie verwiesen - der von etwa 1899 bis 1903/04 reicht, fast im Kleinen spiegelnd, was auf nationaler Ebene verlief. Dennoch sei George der Chauvinismus der wilhelminischen Epoche zuwider gewesen. Doch habe er 1913 schliesslich sein „Programm" vorgelegt.

*„Mit dem Stern des Bundes gab George dieser Gemeinschaft ihre Verfassung. Der Band ( ...) formulierte das Georgesche Erziehungsprogramm. Es war das Programm einer Elite, die sich im Kern über zwei Begriffe definierte: über die bedingte Verehrung für einen Meister, der ihr den großen Menschen repräsentierte, und über die Freundschaft zwischen einem Älteren und einem Jüngeren, durch den der Fortbestand der Gemeinschaft gesichert war." (Ebenda S389)*

Die George Biografie des Thomas Karlauf erwähnt eine über Jahre währende und schwelende Auseinandersetzung des Stefan George mit Albert Verwey, mit dem George gut befreundet war und bei dem George in Noordwjik oft weilte. „Der Streit zwischen George und Verwey entbrannte nicht zufällig an Rembrandt „dem deutschesten aller deutschen Künstler"..." Nun ist der Streit, ob nun Rembrandt deutsch oder George der französischste der deutschen Dichter sei, ob der französische Symbolismus und das von Baudelaire darüber hinausgehende von George probeweise – übungsweise während seiner Übersetzungsarbeit Übernommene definitiv in ihn Eingegangene sei oder nicht:
Eine Streitfrage, die einer Wiederauflage des alten Nationalismus/Kulturproblems gleichkommt und die mich nicht interessiert: ob man deutsche Denkstrukturen in die französische Sprache „einpflanzen" könne.

Ebenso erwähnt der Biograph erwähnt die Auseinandersetzung mit Verwey Über „Wirklichkeit": *„ und es bedeute dasselbe wenn wir sagen: traumbilder die bezaubern wie wirklichkeiten oder wirklichkeiten die bezaubern wie traumbilder" ( S355 )*
(Der Stein des Anstoss lag in der Frage, ob man ein literarisches Bild wie einen jungen Mann wirklich lieben durfte) *„Aber Verwey wollte einer solchen Vermischung der Sphären nicht zustimmen und wehrte sich, als George jetzt die Grenzen zwischen Natürlichem und Übernatürlichem, zwischen Kunst und Wirklichkeit aufzuheben begann."*

Die Versuchung ist groß, bei dem „geheimen Deutschland" zu verweilen, beim Führungsanspruch und den geheimen Machtstrukturen auf der Ebene des Wortes...
Die Schwierigkeit nun ist, dass ich, um meine Heidegger Lektüre und die des Protokollanten auch nur annähernd zu beschreiben oder darzulegen, mich von den gängigen philosophischen Sprachvorstellungen so entfernen muss, dass ich jede Hoffnung auf Verständnis oder Geltung ablegen muss. Ich bin kein Philosoph und kein Dichter, habe auch nicht die mindeste Intention, irgendetwas ob Wesentliches oder Unwesentliches zur Sprachphilosophie oder einer Phänomenologischen Betrachtung des Sprechens beizutragen. Alles was ich versuchen kann, ist, zu beschreiben, was mir auffällt, wenn einer philosophiert.
Sie werden sagen, „Das ist ja alles albern". Kein Mensch habe behauptet, Heidegger habe nachprüfen wollen, ob 1939 die Vorhersage von George übers Dritte Reich eingetroffen sei, nun neue Zeiten anbrächen und wies weitergeht.... da nun die alte metaphysische Sprache zu ihrer Erledigung gekommen sei und man was neues konzipieren könne - die alte sowohl magische wie metaphysische Konstruktion des Hebräischen, die sich nun erledigt habe ....zum Beispiel.
Sie werden sagen: „Das sind keine Vorannahmen, die den gegenwärtigen Diskurs über „Antisemitismus in der Philosophie" bestimmen."

Verdammt noch mal. Sie glauben doch selbst nicht an eine gültige Aussagenstruktur des philosophischen Sprechens.
**Sorry**, ich nehms wieder zurück. Ich werde mich hüten, einem Philosophen zu sagen, was bei mir hochkommt, wenn ich ihm beim Reden zusehe.

Außerdem kann ich meine Sache eigentlich nicht viel schlimmer machen, als alles was ich auf den vorhergehenden Seiten bruchstückhaft zusammengestellt habe..
Die Überreste eines jüdischen Klassenzimmers auf brauchbare Souvenirs durchzusieben, verdirbt mir die Lust auf ästhetisierende Überhöhungen philosophischen Geredes. Gesprächs.

Hinter diesen Überresten gibt es nicht sehr viel, was mich für Philosophie interessieren würde - man sagt: „begeistern" würde. Mich beschäftigen „Wirklichkeiten". Irrtümer haben eine eigene Wirklichkeit. Lügen. Falsche Konstruktionen. Man könnte sagen, die nationalsozialistische Philosophie habe basiere auf falschen Konstruktionen. Zizek tut das in einem Vortrag, die Youtube-Angabe schenke ich mir jetzt.
Wolfgang Ritzel würde das einen „moralischen Defekt" nennen. Professor Figal, aktuell Freiburg, würde es nicht einen Defekt nennen, aber er tut etwas, was aufs gleiche herauskommt: Er stellt den moralischen Defekt ab.

*als aus dem schönen sohn die flammen fuhren*
*umsperrtest du ihn klug in sichern höfen.*
*Du hieltst ihn rein für seine ersten huren..*
*Öd ist das haus nun: asche deckt die öfen.*

„Vormundschaft" heißt das Gedicht, und sicherlich geht es gerade in diesem Gedicht genau um was ganz anderes.
Um Hofmannsthal, oder eine andere lebensweltliche Zuordnung.

*Der tag war da: so stand der stern.*
*Weit tat das tor sich dir dem herrn..*
*Der heut nicht kam bleib immer fern!*
*er war nur herr durch diesen stern.*
*george kairos.*

Ich muß das Gedicht ja - leider - hier hinsetzen, obwohl ich was ganz anderes konstruieren will, beim Zitieren kommst nicht aufs Erhellen an, sondern aufs Hinzufügen, das ergibt einen gewissen drive, der den Text...stop. Schliesslich frage ich mich die ganze Zeit, ob der glückende - geglückte Moment nicht einen Widersinn besitzt?

*„Es ist ein und derselbe Moment, der auf immer in der Flut der Zeit versinkt oder aus ihr heraus sich in die Ewigkeit hebt. Der Augenblick*

*der Entscheidung, richtig ergriffen, wird zum Augenblick der Erfüllung."*
So noch mal Edith Landmann.

*"warum so viel im fernen menschen forschen und*
*in sagen lesen*
*wenn selber du ein wort erfinden kannst dass*
*einst es heisse:*
*Auf kurzem pfad bin ich dir dies und du mir"*
Edith Landmanns Beschreibung des Doppeldeutigen und der zweifachen zeitlichen Verstrebung des Moments mag zutreffend sein, aber mich jedenfalls beschäftigen die Schachtelsätze der Theophanie, Erscheinungen des Göttlichen, das Herannahen, die Luft, meine ich, muß sich irgendwie verändern, dass man weiss, der Augenblick ist nah, um dann zu sagen „fast". Fast wäre mir...

*„Das „als" der verschwiegene und in diesem Wort nur kaum fassliche Abgrund des Wortes. S55 Heidegger*

Das Problem ist, dass Sprache die etwas bezeichnet - slash - auf etwas hindeutet, doch nicht notwendigerweise die Existenz behauptet - Und jetzt bin ich doch ziemlich sicher, dass ich eine Überlegung Heideggers überhaupt nicht verstanden habe.
Da ich also – wieder – die PAUSE-Taste gedrückt halte, der Film, der den Raum zwischen Heidegger und seinen Studenten, zwischen Schülern und Lehrer durchwandert, an einem unscheinbaren Moment stehengeblieben ist, ohne dass es zu einem dramatischen Streitgespräch kam,
ohne einen dramatischen Blickkontakt, ein „In die Augen Sehen" wie in den Freundschaften und Schülerverhältnissen so oft geschehen sein muß, die Kahrlauf beschreibt

einen Schatten des Desinteresses
des Schatten im Höhlengleichnis

Was DAS Bild war, der paideia, der Erziehung, worum es Heidegger in mehreren Seminaren ging, so fasst es später der Studiosus phil. zusammen, nachdem er selber Professor geworden war, ein Echo des Miteinanderredens, so als müsste philosophisches Sprechen zu jemandem hin geschehen und die dialogische Natur des Redens – des Wortes – der Sprache - bewahrt sein.

*„Diesen Gedankengang hat Heidegger in den frühen 30er Jahren in Vorlesungen dargestellt, aber erst 1947 in Druck gegeben, nämlich zwischen den Deckeln eines Bandes, der auch seinen Humanismus-Brief enthält."* So erinnert sich Wolfgang Ritzel in seinem, 1980 erscheinen Buch „Philosophie und Pädagogik im 20.Jahrhundert".
Heidegger, der sich auf Platons „Politeia" bezieht, interessierte sich für die „Umwendung" als dem Wesen der Wahrheit entsprechende.

*„Nun läßt sich die pädagogische Einsicht formulieren. Kennzeichen vollkommener Bildung ist das Blicken in die Gleichnissonne und die Erkenntnis, dass die Ideen ihre Sichtigkeit nur ihr verdanken, sowie die Bereitschaft, die noch in der „apaideusia" (griech.Bildungslosigkeit) begriffenen zur Bildung zu leiten. Hieraus folgt die notwendige Gliederung der Paideia in jene im Gleichnis nur rhapsodisch aufgezählten Zustände und Übergänge. Paideuia als Vollzug ist Umwendung (periagoge) der ganzen Seele. Mit der Überbeanspruchung des Auges meint das Gleichnis, was die ganze Seele betrifft. Die Umwendung kann nicht bloss erlitten werden: „ die maßgebliche Haltung, die durch eine Umwendung entspringen soll, muß aus einem das Menschenwesen schon tragenden Bezug in ein festes Verhältnis entfaltet werden."; das aber braucht Zeit."*

Es ist sicherlich mein Fehler, dass ich den terminus technicus „Kehre", dem sowohl aktive Elemente wie auch passive zukommen, übertrage auf einen Moment des Sinnes, des Gedankens, der vorbewusst und vorsprachlich sich sein Wort sucht.

*„Wir frugen ... nach der Pädagogizität des „Rufes" und erwarten von Heideggers Wiedergabe der Platonischen Paideia-Lehre eine Antwort. Doch erklärt er weder im eigenen noch in Platons Namen, ob er Übergang eines Entfesselten aus einem in den folgenden Zustand „wie ein Erdstoß" (Nietzsche) erfolgt - und ob er - wenn ja - dessen ungeachtet pädagogisch verantwortet werden kann und muß." (WR, Philosophie und Pädagogik im 20.Jhd. S202).*

Wolfgang Ritzel verdeutlicht Heideggers Überlegung der Paideia an Otto Fr.Bollnow, da das *„eigentliche Miteinander (dem das pädagogische zuzurechnen wäre) ........Als pädagogische Maßnahme ist aber wohl Heideggers vorspringende Fürsorge gedacht. Hat der Vorspringende, durch einen Anruf erweckend auf den Zögling zu wirken? Wird sein Mitschliessen des dem Zögling eigenstem Seinkönnen dessen Entschlossenheit zeitigen? - Wer eine pädagogische Maßnahme ergreift, nimmt sich Zeit und verfährt methodisch: der Ruf aber „ergeht im Nu".*

Die weitere Polemik des Professors W.Ritzel, Heideggers Lehre gegenüber, mir ersparend, behalte ich, wie Münzen in der Tasche, den etwas undurchsichtig schwierigen Moment der „Kehre" zurück - obwohl ich nach wie vor Schwierigkeiten habe, nachzuvollziehen, inwiefern sich „Kehre" sich wesentlich auf Kinder bezieht und nicht auf erwachsene Menschen.

Das liegt an meinen Erinnerungen, vielleicht.
eine „Gerade Kurve"...
oder an der Art wie man das Wort „Schulkommision" betont.

Mir kommt es hier auf die Bündelung in den «Ruf» an, das «Nu» - Erziehung vollzieht sich nicht in einem Moment der Leere und wenn es auch spannend wäre, nach der Absichtslosigkeit zu fragen, nach einer geistigen Haltung seitens des Lehrers, seitens des Dichters, die auf die Langweile und schlafende Fülle des Schülers „reagiert" oder „eingeht" -
es interessiert mich hier die Überfülle.

Man kann Worte auf einem Zettel, Namen auf einem Textausdruck nicht perspektivisch sehen, es sei denn, man würde die Namen halb aus dem Papier ausschneiden und dann aufklappen.
Das gäbe dann eine perspektivisch stark verzerrte Papier- Form, die den Figuren des Alberto Giacometti mit großen Zugeständnissen ähnlich sähe. Ebenso lebhaft wie die fehlende Schwabinger Atmosphäre in den trockenen Schriften Hermann Ritzels „aufscheint".

*„Es gibt widersinnige Gegenstände. Die gerade Kurve, das hölzerne Eisen. Solche Gegenstände gibt es nicht, denn sie sind nach den Gesetzen gegenständlichen Seins unmöglich. Sie können sich nicht sinnlich darstellen. Aber sie können gedacht werden, die meinende Intention kann sich auf sie richten, denn diese Intention ist zwar widersinnig, aber nicht unsinnig, sie hat ihren eindeutigen, nicht zu mißverstehenden Sinn."*

Das Bild der Peterskirche, von dem Hermann Ritzel sagt:
Man könne es wohl meinen, aber man sei unfähig, sich das Gemeinte vorzustellen. Es gibt keinen bildlichen Abdruck davon. Man kann vielleicht eine Vorderfront sich vorstellen, vielleicht den Kolonnadengang, vielleicht das Mittelschiff – aber alles zusammen: sich die „Peterskirche" als Ganzes vorzustellen, sei ein Ding der Unmöglichkeit.
Wie ein Wandgemälde entfalten sich mir in der Lektüre der Heidegger - Notizen Überlegungen, in der Worte und Begriffe durch eine Sinnleere ersetzt werden, oder unterhöhlt, vielleicht auch: überdacht sind. In der „Kirche" nicht allein als räumliches Konzept oder ein theologisches Ordnungsprinzip, vorallem aber einen Raum der Leere vorstellt. „Leere" muss man ja irgendwie denken können. Abwesenheit.
Natürlich habe ich Heidegger Weltbild S. 88ff gelesen

*„Das Seiende ist das Aufgehende und Sichöffnende, was als das Anwesende über den Menschen als Anwesenden kommt, d.h. über den, der sich selber dem Anwesenden öffnet, indem er es vernimmt. Das*

*Seiende wird nicht seiend dadurch, dass erst der Mensch es anschaut im Sinne gar des Vorstellens von der Art der Subjektiven Perception."*

Sie werden vermutlich sagen, dieses beziehe sich auf den griechischen Menschen von dem Heidegger kurz darauf spricht:
*„Der griechische Mensch ist als der Vernehmer des Seienden, weshalb im Griechentum die Welt nicht zum Bild werden kann."*
*„Ganz anderes meint im Unterschied zum griechischen Vernehmen das neuzeitliche Vorstellen, dessen Bedeutung das Wort repräsentatio am ehesten zum Ausdruck bringt. Vor-stellen bedeutet hier: das Vorhandene als ein Entgegenstellendes vor sich bringen, auf sich, den Vorstellenden zu, beziehen und in diesem Bezug zu sich als den maßgebenden Bereich zurückzwingen."*
*„Indem der Mensch dergestalt sich ins Bild setzt, setzt er sich selbst in Szene, d.h. in den offenen Umkreis des allgemein und öffentlich Vorgestellten.*

ich hab was ausgelassen. Je l'ai fait express.
Mich interessiert auch nicht die Folge des Gedankengangs, wo es um die Aufgabe des neuzeitlichen Weltbildes geht, Ziel und den großen Wurf, in dem Sätze stehen mit Worten wie *„Das Zeitalter, das sich aus diesem Geschehnis bestimmt...."*
Sondern, mich interessiert, um noch einmal das Bild der Peterskirche gebrauchen, die materiale Plastizität die einem Begriff und einem Wort anhaftet und mich interessiert dabei nicht das Bild der Peterskirche als rein räumliches Konstrukt, noch das Begriff der Peterskirche als religiöses Symbol, das auf das sehr komplexe System des Katholizismus verweist -
ich habe allein die Absicht, das Bild eines sich intentional Rubrizierten, eines sich schrittweise entfaltenden Handlungsspielraums. Eine moralische Situation schrittweise zu erforschen, schiene mir im Ansatz korrekter -
sich sozusagen, durch ein Halbdunkel hindurchzutasten
ein schrittweises Erhellen, es ist als würde man eine Intention nehmen, eine Absicht, eine Handlung - von der ich noch garnicht recht

weiß, welche Absicht der Handelnde verfolgt, von der der Handelnde noch garnicht recht weiß, welchen Erfolg sie haben wird.


Caeca.


Und die Aura...
Schweigen und Leere.

Ein Sich MERKEN, wie eine gedankliche Kreidezeichnung am BODEN. Wenn Dinge klar und evident werden. Wenn unklare Vorstellungen auf sich aufmerksam machen müssen.
Die Freiheit liegt im Übergang von unklar zu unklar vom Klaren ins Dunkle...

worüber man nicht sprechen kann....
wer nichts sagen kann....
bereitet einen Gedanken vor.

Nein, um ehrlich zu sein, will ich keine Heidegger Interpretation vorlegen.
Diesen Anspruch habe ich nicht, besitze weder die nötige wissenschaftliche Laufbahn noch die nötigen Zeugnisse um in diesem Ihrem Wissenschaftsbetrieb - ein Rad - ein Ritzel - zu drehen. Ich will auch nichts „freilegen"
Mein Problem ist, daß Sprechen Schreiben Reden, ja auch ein Tun ein halbangebrochener Satz, ein elliptischer Satz eben nicht -
(und ich werde meinen Text hier auch gleich abbrechen – aber ich kann versuchen, ihn an anderer Stelle fortzusetzen, zu Ende zu bringen) - ein halbangebrochener Gedanke muss ja zu Ende gedacht werden, damit er als sinnvoller Satz angesehen werde.

Heidegger: „*sagen – aber nicht Ausdruck, merkbarmachung.*" S.34
S.Hagestedt, der kein Philosoph ist, aber dafür Übersetzer, bringt
in seiner Arbeit „Heidegger und Freud"
schnell die leiblichen, räumlichen Vorstellungen in Anschlag.
Ich aber bin mir nicht sicher, ob Hermann Ritzel „körperliche"
Vorstellungen meint, die sich an einen Begriff wie die Peterskirche
anschliessen. Es scheint mir, er wollte etwa sagen, dass ein Foto
einer kurzen Filmsequenz zugeordnet ist... das Bild spricht für einen
umfänglicheres Ganzes, das ich nicht vollständig repräsentieren kann
noch gegenwärtig habe, ein Teil davon verläuft im Aufmerksamkeits
HINTERHOF...schon hier vergewaltige ich, was er meint.
Dennoch muss ich keine Gestalttheorie heranziehen, keine Überlegungen zu piktoralem Vorstellen und Gestalten
Oder - um im BILDE zu bleiben, brauche ich nun nicht die Nacht-
wache Rembrandts und die technischen Fragen, die Aufschluss
darüber geben, wie ein Bild zu Rembrandts Zeiten zu malen war
und welche theoretischen Vorentscheidungen ein Maler zu treffen
hatte: was sieht man besser: „Schwarz" und „Weiß" - wenn es im
Bildvordergrund steht, nein, die Formulierung lautete: welches oder
welche Figur sieht man zuerst? Die in Schwarz oder die in Weiß?
Denn es wäre eine mögliche, recht oberflächliche Frage nach welchen
« Prinzipien » sich das objektivierende Sprechen - nach welchen Mo-
menten, die Lautbarung das Merkmal sich mit weiteren - anderen
zusammenschliesst, um zu einer Vereinigung des Heteronomen zu
einer Verbindung des Bisher NochNichtgedachten zu kommen.

*„Herder geht nicht in die Richtung der Grammatik und ihrer auf
die Logik abgezogenen Regeln – sondern er sucht die wahre göttliche
Sprachnatur".*

Das synthetische Band, Das Higgins-Teilchen.... die sinnerschliessende Lichtung .. des lichtende In der Welt sein...
das sich gewandelt hat zu einem hereinbrechenden, das die das als
eine Hereinbrechendes aber auch ein Prozesshaftes..sich ereignen
und Umwandeln bedeutet.

Kairos ist wohl ein Moment an dem sich mehrere Bedeutungsebenen und Handlungsmöglichkeiten übereinanderschieben, ebenso ausgezeichneter Augenblick, der sich im ‚mot juste' niederschlägt. Semantisch aufwurzeln oder so ähnlich wird es auch genannt.
Ein „Vor" der Offenbarung und ein „Nach" der Offenbarung, die zeitlich und qualitativ - in welcher Form auch immer - verschieden sind. Es gibt unter den Blättern im Nachlass des Wolfgang Ritzel eine Liste und einen kleinen Text zur Inspiration (die das Höhlengleichnis neben den Menon setzt, das Damaszener-Erlebnis des Paulus neben Francke und Newton, Kekulé neben Goethe und Fichte), und der um den Begriff der Epoche kreist:

*„Höhlengleichnis : Mit brachialer Gewalt werden die Höhleninsassen an den Punkt gebracht, an dem sie ins „aporein" geraten und (Epoche) den ersten Schritt tun."*

Epoche scheint hier der erste Moment vor dem Schritt zu sein. Kress, in seinen Vorbemerkungen zu seiner Dissertation „Das Umweltethos Martin Heideggers" notiert sich unter den Stichpunkten:

*„EREIGNIS: Unter einem Ereignis verstehen wir das Aufkommen neuer Sinnverhältnisse und Verweisungsstrukturen, die sich grundsätzlich weder kausallogisch noch konkluent aus bestehenden Verhältnissen ergeben. Das Ereignis bezeichnet als ein instantanes Auftreten von Sinn.. Wenn wir statt von Sinn vom Sein sprechen, können wir auch sagen, dass sich das Sein ereignet."*
Unter dem Stichwort „Kontingenz" notiert er:
*Es gibt kein ‚Werden zum Sinn'. Das gilt auch in Bezug auf unsere Erzählungen von der Welt, also die Epochen der Seynsgeschichte. Daher lässt sich sagen, dass diese „jäh aufspringen wie Knospen. Die Epochen lassen sich nie auseinander ableiten." Und „Wir beggnen der Kontingenz als auf den unterschiedlichsten Ebenen. Auf der Ebene des menschlichen Handelns entstehen Handlungsanordnungen nicht aus den Intentionen der Subjekte heraus, sondern aus den aufeinander bezogenen Ablaufmomenten einer Handlung. Aus leiblichen*

*Stimuli und sinnhaften Ausdrucksformen unserer Umwelt ergeben sich immer wieder „sich selbst organisierende emergente Ordnungen", die als solche kontingent sind."*
(S.13 unter 1.3 methodologische Vorbemerkungen.)

Hermann Ritzel kann ich aber nicht ins Licht stellen. Er würde mir unter den Händen wegschmelzen wie eine Wachsfigur...
ganz besonders dann wenn man ihn einen Zusammenhang der Entscheidung stellen wollte.
Vielleicht ist das ein Problem, vielleicht liegts daran, dass Hermann Ritzel aus einer philosophiegeschichtlichen Argumentation herausfällt, bevor sich überhaupt irgendeine Lichtung auftut. Es scheint keine Geschichtlichkeit zu geben, ohne dass man seinen Gedanken eine verschlossene Monumentalität, ein Monolithisches zurechnen würde...
Er ist allein an einer Ausrichtung analytischer Urteile interessiert, und die Verbindung von synthetischen Urteilen a priori mit analytischen Urteilen, die er betreibt, macht es mir nicht ganz einfach zu sagen, sein Umsetzen eines Wahrheitsprozesses - das Feststellen von Wahrheit finde in einem schrittweisen Erhellen statt. Wenn unklare und verworrene Merkmale die, mühsam in einem Urteil verbunden werden, sich endlich in einem analytischen Urteile entfalte.. als wäre der Versuch einer Vereinfachung des Schlußverfahrens wie der Übergang von einem synthetischen Urteil zu einem analytischen, das apriori gilt, immer wahr ist, in einem Gespräch..in einer Aufklärung möglich, aber wäre nicht gesagt. Eine vergesene Wahrheit der Logik.

Während für Heidegger, so zumindest hält es Jörg Appelkahns „Heideggers ungeschriebene Poetologie" fest, in der sich sehr entschieden für die Annahme eines religiösen Wahrheitsgeschehens ausspricht.

*„Die Analogie der Vorstellung von einer sich im Medium der prozessualen Ordnung durchsetzenden Wahrheit, die Blumenberg in der mittelalterlichen Scholastik ausmacht, ist evident. Die Metaphorik von der Macht der Wahrheit an der Heidegger fortschreibt, kennzeich-*

*net seinen Paradigmenwechsel in der Erkenntnishaltung. Der im neuzeitlichen Wahrheitsbegriff angelegt Arbeitscharakter der Erkenntnis wird aufgegeben."*
*„Dementsprechend operiert auch Heideggers Deutung von Dichtung mit einem Wahrheitsbegriff, der rational nicht vollständig zu erhellen ist, sondern sich aus einem Offenbarungsgeschehen herleitet." (S.345)*

Martin Heidegger, der immer wieder das Merkmal umkreist, nennt es schließlich das Erste Merkmal, ursprünglich gefasst.
Das ursprüngliche Wort, das in sich bereits eine Verfallsgeschichte durchläuft, durch die Aneinanderreihung, die Verbindung mit anderen Worten, zur Sprache.

Es ist die Verbindung, Aneinanderreihung der Worte zur Sprache, die über den, sagen wir: glückhaften Moment des treffenden Wortes im richtigen Augenblick verläuft, selbst jetzt, da ich einen doppelten und dreifachen Boden an philosophiegeschichtlichen Zusammenhängen und geschichtsimmanenten Drohungen, Bedrohungen und Krisen aufbaue:
Man kann sich ja weigern, 1939 an den Krieg zu denken. Man kann davon „überrascht sein wie alle unpolitischen Menschen „.
Und es ist auch möglich, daß einer mit Unlust an den Sommer 1914 zurückdenkt, als Hermann dasteht und sich angesichts der Generalmobilmachung den Schweiß von der Stirn wischt.

*„Die bedeutungserfüllenden Merkmale erfüllen die Bedeutung nur deshalb, weil die Bedeutung diese Merkmale irgendwie enthielt. bedeutungsfremde Merkmale erfüllen ja nicht die Bedeutung. Für die Möglichkeit der Erfüllung kommt es vielmehr darauf an, was noch in der unerfüllten Bedeutungsintention liegt." (Hermann Ritzel, S5)*
*Hier muss vor einer Verwechslung gewarnt werden: was in einer noch erfüllten Intention liegt, ist nicht das, was ich an meinem Vorstellungsbild des gemeinten Gegenstandes vorfinde oder gar neu entdecke."*
*„Selbst beim Versuch, den Sinn des Wortes anzugeben, also bei einer*

*Besinnung auf den Sinn, verfehle ich oft den richtigen Sinn des Wortes...sondern auch deshalb, der sich mit der genauen Bedeutung des Wortes nicht deckt. (ebd.S6)*

Nun ist bereits offenkundig, dass ich mit meiner Rekonstruktion - Nichtrekonstruktion nur ein ganz anderes Zeitverständnis Zeitverhältnis „entfalte"... auch Hermann Ritzel verändert verwendet ein anderes Zeitverständnis...
„Präsenz" ist dabei auch noch geliehen, sie stammt von:
*„Die (..) Argumente Reinachs sind dieser Art, mit Ausnahme vielleicht eines ersten, welches besagt: Vorgestellt ist alles gegenständliche, welches wir „vor" uns haben, welches uns „präsent" ist, welches für uns „da" ist. „Präsent ist mir das Stück Papier, auf welches ich eben wahrnehmend hinblicke, präsent ist mir der Mailänder Dom, den ich mir vergegenwärtige, das vergangene Erlebnis der Trauer, an das ich mich erinnere."*
*Bei den Akten des Meinens dagegen kann von einer Präsenz in dem beschriebenen Sinne keine Rede sein. Das Meinen ist auch nach Reinach kein „schlichtes rezeptives ‚Haben'" des Gegenstandes, sondern ein „Abzielen" mit einer „Spontaneität der Richtung", es ist ferner stets sprachlich eingekleidet und zeitlich punktuell im Gegensatz zum „lang hingestreckten Akt des Vorstellens" (I.e.S.206)"*

Seine Hinweise bei Reinach haben nichts mit Heidegger zu tun. Es ist die Leere der Chronologie, die mir erlaubt, beide Denker zu verbinden. Die Ansichten des Hermann Ritzel gelten Martin Heidegger nicht mehr als ein metaphysisches Relikt.
Hermann Ritzel hat hingegen kaum Zeit sich um Ontologisches zu kümmern „Die Frühmesse findet in der Frühe statt".
Sinnliche Gegebenheiten, Qualitäten, Schlussverfahren ..
Mensch ist ..... Rose ist..rot...
Die Überlegungen Hermann Ritzel gehen ja überhaupt nur in die Philosophiegeschichte ein, weil Johannes Daubert auf ihm herumgekritzelt hat, das allerdings ist wiederum ein Problem der Lesbarkeit.

Der Logos....
Von dem ich immer noch nicht recht weiß... Ich suche noch
Hamann....

*„Quod scripsi, scripsi -"*

An diesem Hamann -Zitat hängt mein Sinn, er verdunkelt mir .....
Das Problem ist, das „Schweigen" ein zustimmendes und missbilligendes sein kann, dass im Begriff der „Leere" und im Bild eines leeren Kirchschiffs mehr steckt als die bloße Verneinung einer Sprechakttheorie zugeben will. Der Anspruch, der Textillokutionen, und manchmal ists so kalt, man sieht nur den Hauch...
Dennoch, für mich, die ich eine dilettierende Liebhaberin unspielbarer Dramen bin, besitzt diese Konzeption eine besondere Qualität. Handelt es sich doch darum, Heidegger – ohne jegliche Bedeutung – Heidegger als Beinahe-Leser von Hermann Ritzel aufzufassen, und um Wolfgang Ritzel im Lichte Heideggers in den Krieg zu entlassen. Allerdings weiss ich auch, dass „LICHT" in meiner Überlegung ein szenisches LICHT ist, und nicht notwendigerweise ein theologisches, es entstammt einer Inszenierung und bringt ein In – Den – Raum - Setzen mit sich. In einer theatralischen Skizze entschwindet eine Idee, mag sie die Geste sein einer Idee der Freiheit, wie in Schiller stop.

Da ich – wieder – die PAUSE-Taste gedrückt halte,
zwischen Schüler und Lehrer, in dem Seminaraustausch zwischen beiden, von dem ich meine, von einem ganz anderen Gespräch zu „lesen", eines, in dem ganz andere Menschen „vorkommen", Silhouetten, welche flackerndes Licht als Schatten an die Wand wirft. Das hat sicherlich seinen Grund darin, dass für mich Sprache nicht in Behauptungssätzen aufgeht, nicht einen Sinn oder eine Behauptung „ausdrückt" oder „transportiert" oder in einer Satzpräposition oder einem Sachverhalt verschlüsselt mitteilt. Sprache ist eine Kulisse. Sprache und sprachliche Hervorbringungen gleichen dem Fackelschein im Platonischen Höhlengleichnis.

Die „Lichtung des Daseins" .. .das weder ein lumen naturalis noch von anderem Seienden ausgeht gleicht einer....gleicht nicht einer von anderem Seienden ausgehenden Helligkeit ...nach Steiners Rebuilding der mystischen Daseinsstruktur Heideggers

Nun ist es nicht meine Absicht, die Debatte um die Erledigung des Neukantianismus durch Heidegger oder die Gewaltpose, die als problemfern denunziert, was sie selbst nicht darstellen kann, erneut aufzurollen - noch will ich ihn im Nichtgespräch zwischen Seminarleiter und Seminarist im kleinen spiegeln. Nach-bauen...
Mich interessiert Verneinung. Negation.
Cohen hatte dazu ein paar sehr interessante Bemerkungen gemacht. Aber um damit zu arbeiten, muss ich das Philosophieren lassen, das Gespräch mit einem Philosophen und die Darstellung die Philosophiegeschichte, die an einem Préfix hängt.

*„Je weniger die Frage zu einer Satzform ausgebaut ist, desto wichtiger ist ihre Bedeutung, als einer Art des Urteils: Sie ist der Anfang der Erkenntnis. Der ihrer Tätigkeit entsprechende Affect ist das Wunder"*
(Cohen S69 - Nichts und Etwas

Nun könnte man vielleicht sagen, dass während der Arbeitsleistung der Wahrheitsherstellung... der Erkenntnis zwischen Gesprochenen und Geschriebenen ... zwischen Laut und Gemeintem.... zeitliche Strukturen am Werk sind, die sich verlagert, weg von dem alltäglichen Tun, der Situation des Schreibens und Sprechens hin zu einer Phänomenologie des Sprechens, des Lautwerdens und dies
mit dem Maälstrom der vergegenwärtigenden Zeitigens der Erinnerung und der vorwegnehmenden Intention des Sprechenden, der noch nicht weiß, dass er sich erinnert, erinnern wird, sich besinnen wird auf ein Zukünftiges und sagen wird, woran er sich nicht erinnert.

*„ auch keine Philosophie des Wortes. Die Philosophie überhaupt, zumal als synsgeschichtliches denken hat kein „Worüber" als Gegenstand*

*- auch nicht das Seyn.....vielmehr in der Weise, wie dieses die Geschichtlichkeit von Geschichte als Gründung der Wahrheit des Seyns entscheidet (das Loslassen in die Historie während des Zeitalters der Metaphysik)."*S51

Eine weitere Schwierigkeit ist, dass ich bei Dieter Adelmann nachgeschaut habe, auch eine nachgelassene, posthum erschiene Arbeit „Die Einheit des Bewusstseins" über Heidegger und Cohen. Dieter Adelmann zieht Heideggers Schrift Vom Wesen des Grundes heran, die jedoch - für auf meine Deadline von 1939 bezogen- sehr viel später erscheint.

*„Das Übergängliche Wort*
*Gestimmtheit der Zuneigung und Ahnung der Verweigerung*
*Leidenschaft der Besinnung - die Verweigerung - Inständigkeit in der Verweigerung"*

*„George ...kaum es ahnend übergänglich"*

*„Die Wächterschaft ...meine Verfallsgeschichte der Philosphiegeschichte. Freiheit nicht Bedingung der Möglichkeit des Wortes, sondern ist in sich als Zugehörigkeit in die Er-eignung - die Stille des Seyns selbst, ist „Wort"*

Ich habe mich gefragt, ob es die Stille des Mystikers ist. Oder die gedankliche Stille, von einem, der zu seiner „epoché" ansetzt.
Das heißt eben nicht, dass er Epoche macht und wir können sagen, er sei es sei dabei gewesen oder so ähnlich.
Die stille Arbeit, die eine Voreinstellung einrichtet, die Grundhaltung des aporein - eine Vorurteilslosigkeit. Die Stille nicht des Zweiflers.

Für mich - scheint es - als ob der Schreiber der zum Sprechen Ansetzende noch weitere Möglichkeiten zur Verfügung hätte, es ist fast, als würde sich das Bild des menschlichen Individuum verkehren, überdimensionale Körperwahrnehmungen durchziehen die personale Einheit des Körpers, sinnliche haptische Verlautbarungen, die etwas beschreiben was anders wo „Fokus", „Konzentration", „Aufmerksamkeit" heissen könnte. Meditative Zerstreuung statt Unachtsamkeit:

*„Zu Frage (1) wie weit Getast, Gesicht, Gehör zubringend von aussen und so mit-teilend von innen her?...*
*Wenn die Sinnlichkeit nur und ganz Gesicht, dann weiteste Zerstreuung. Gesicht, aus sich hinausgeworfen, sich hinter sich lassend und durch sich hindurch (aber auch am Auge merklich Bewegung und Schmerz, dann anders als Fingerdruck z.B)...*
*Wie aber beim Gehör? Hier Entgegenkommen (Gefühl) - aus Weite (Gesicht) Und doch nicht Zerstreuung ...und doch nicht eingedrückt*

*Getast: Händedruck reicht zum „Herzen"; Gesicht: greller Blitz liegt auf dem Auge wie ein Schlag.*
*Gehör und Rundfunk: jetzt London zu hören, aber nicht zu sehen? Gehör wirft uns weiter hinaus als Gesicht?"*

Steiner arbeitet in seiner Dissertation „Martin Heidegger und die philoosphische Mystik" heraus, dass „Lichtung" niemals starr, sondern als Konzeption eines Lichtungs-Denkens nur als Prozess gedacht werden kann, der *„im Kontrast zur Verwendung der Lichtmetapher in der bisherigen Metaphysik, die Lichtung als Prozess nicht mit einer vorhandenen Helligkeit ... gleichgesetzt werden darf"*, wie im mystischen Sinn der Erleuchtung.
Von den komplexen Strukturen der Lichtung und des entbergenden Lichts, das in die Lichtung tritt, dessen weitere Zusammenhänge über - Entbergung - und Zubergendes - zwischen Prozess und procedere - mit Transzendenz und Begrifflichkeit genauer zu untersuchen wäre -
interessiert mich jedoch nur die allgemeine, die alltägliche Vorbereitung zum Nachdenken, zum inneren Reden, zum Schreiben.
Es ist sicherlich mein Fehler, das Allgemeine des hermeneutischen

Verfahrens mit einer gesonderten Situation gleichzusetzen: mein historischer Hintergrund.
Aus dieser vermeintlich gerade gegebenen Alltagssituation, wie man vermuten könnte, aus dem gerade sich aufdrängenden Moment der Geschichte, bricht mir jedenfalls das „London hören" heraus.

*„London hören" S.121*

Hören, Heidegger sagt es nicht, welches er nun meint, Hören muss nicht exklusiv das Hören von Rundfunkansprachen sein. Und selbst unter Rundfunkansprachen als solchen hat es nach 1933 nicht nur ausschließlich die von Goebbels, Hess und Hitler gegeben.
Auch Martin Buber hielt Ansprachen, deren Text dann verschickt wurde. Später wird es Ansprachen geben, berühmte, poetische aus London, die in Rene Chars Feuillets d'Hypnos einen Niederschlag finden.
Womit ich einzig und allein darauf hinweisen möchte, dass es 1933 möglich war, noch etwas anderes zu hören als die „schönen" Rundfunkansprachen von Hitler, Hess und Goebbels (wie es Mathilde Fath in ihrem Tagebuch notierte); allerdings hat das Hören von London bereits etwas Fehlgeleitetes, es zeichnet sich durch eine Hinzufügung von Abwesenheit, von Ferne aus.

Allein dieses Hören, eines Vortrags, eines Fernestehenden Redners, eines in die Ferne Sprechenden, könnte sich vielleicht an einige Ideen des die Mitschrift führenden Wolfgang Ritzel anschließen, dieses Mal nicht zum Vortrag der Rede, sondern, die auf das Danach, auf den Applaus zielen. Die Ausführungen wurden im Völkischen Beobachter abgedruckt: „Über den Applaus" und sind hinten angefügt. Der, wie er schrieb, donnernde Entladung sein kann. Aber einzeln verhalten zögernd – nach und nach - einsetzen kann, verhalten klatscht einer, dann mehrere, wie es in einem klassischen Konzert manchmal geschieht, wenn die Hörer zutiefst beeindruckt, die Anspannung des Gehörten, den Nachhall nachspüren, nachträumend, nachzeichnen . . .

Albern, nicht, wie einer 1943 vor der bevorstehenden Invasion der Alliierten vom zögernden Applaus schreiben kann, vom Klatschen, das verplätschert.
Wir hören, hier, eine andere Inständigkeit. Von einem Gestus, einer Haltung der Besinnung getragen, in der Stille dem Gehörten nachlauschend. Und dabei nicht klatschen , damit der Eindruck, der denKlängen nachschwingt, nicht vergeht.
Dem Wort haftet wie dem Ton Parodistisches an, alberner als die Gesten der Inneren Emigration, die statt des tosenden hysterischen Trampelns und ohnmächtigen Sieg-Heil-Rufen im Berliner Sportpalast von zögerndem Klatschen reden.

*„Im Hören eine Näherung. Und hier ist entscheidend: die Unterschiedslosigkeit des Abstands, ob einer im Zimmer spricht oder jenseits des Kanals, gleichgültig.*
*Hier ist etwas zerstört – und was ist am Hören geändert? Die Möglichkeit des unmittelbaren Wechselgesprächs. Aber Fern-sprechen?"*

Nun ich möchte gerne wissen und beim Herausgeber der Schriften erfragen, ob Heidegger im Frühjahr 1939 tatsächlich hingeschrieben hat: „London hören" - oder ob dies eine spätere Einfügung ist. Aber wozu ?
Schließlich verstehen wir noch unter „hören" „gehorchen", und unter „gehorchen" - AUSFÜHREN.
Und wir verstehen unter einem Hören im Dritten Reich so sehr dieses, daß jegliches andere Hören, das sich nicht willenlos .....sich auch nur auszumalen, ein moralischen faux pas darstellt.
Auch der Protokollant Wolfgang Ritzel hat dieselbe Idee.

*„Angesichts dieser Alternative pflegt man die Fragen, die die Vernunft stellt, in der Ethik zu ignorieren, im totalen Staat aber und zumeist in der Erziehung mit einem Verdikt zu belegen, eine Entscheidung welche hier wie dort zu Bewußtsein bringt, daß es gerade nicht die Vernunft ist, kraft dessen wir unsere Pflicht erkennen, daß vielmehr erst der Verzicht auf Vernunft und damit auf Freiheit den*

*Anspruch der sittlichen Gebote sichert!"*
*(Fichtes Religionsphilosophie S. 36)*

Dass Hören fast unmittelbar gehorchen nach sich zieht, ist, wie Hannah Arendt zeigte, eine Vorstellung, die schon Boethius zu eigen war:

*„Durch die jüdisch-christliche Tradition die ihre Vorstellung von dem „imperativen Charakter des Gesetzes) (d'Entrèves) bestätigt wurde; denn die Definition des Gesetzes als Befehl, das Gehorsam verlangt, ist nicht die Erfindung der Realpolitiker, sonder die selbstverständliche Konsequenz einer sehr viel früheren und nahezu automatischen Verallgemeinerung der „Gebote" Gottes" (H. Arendt, Macht und Gewalt S40)*

Im Hören, das zwar eine mystische Grundstruktur aufzuweisen, wird zugleich zu einem geschichtlichen Einzelfall der Überzeugung, die der Idee Rechnung trägt, eine Einsicht, die man im Hören versteht, werde angeeignet und führe automatisch dazu, dass der Hörende das Gehörte auch umsetzt. Die passiven und aktiven Elemente die den Vorgang des Hörens und Verstehens begleitend, des im Gehörten Umgesetzten, lasse ich aussen vor.
Die Befehlsstruktur, Anspruch auf Autorität und Behauptung... irgendwie steckt das ja schon im Wort mit drin und später, meine ich, in der Satzanalyse. Der Anspruch auf Gehorsam und Unterwerfung oder Geltung, oder wie es später in der Sprechakttheorie und bei den textillokutionen heissen wird: der Anspruch des Satzgehaltes...

*„zugehörig - hörend als erschweigend*
*abgründige Verweigerung"*

Er-eignung ...das spielt mit Zueignung und Eigentum. Statt „deixis" - dédicace: Widmung. Daher rührt auch, dass nur versteht, wer zugehörig ist. Und dass sich in diesen Ausführungen, Überlegungen, Notizen Heideggers irgendwas das wie eine Phänomenologische

Betrachtung der Sprache auftaucht Schweigen.
*"Die Unterscheidung als Entscheidung.*
*Die Scheidung der Geschiednis.*
*die Geschiednis aus dem Inzwischen der Lichtung*
*"krisein als tönendes Merkmal"*

Die Präsenz einer Sache, die ich meine oder vor mir habe - und die Präsenz , die sich ereignet ....
sie decken sich nicht allein durch die Wortbezeichnung und den historischen Augenblick, den die ek-statische Zeitlichkeit und die momenthafte Struktur bezeichnen soll: sie kommen irgendwie auf einander zu liegen.
Die Deixis - das Hinzeigen das hinweisende  - und das ins Helle treten.

Die Stille.


Man ist versucht, zu meinen, es sei die Stille, nach einer Aussprache.
Nach dem geglückten Satz.
Wenn ich etwas verstehe.
Mein Verständnis, das unmittelbar mit dem Gehörten zusammenfällt. Die Spontaneität eines Urteils und die ebenso spontane Aussagegültigkeit.. die ich gerne verneinen möchte, außer Kraft setzen - doch leider verbraucht die Verweigerung, wie ich sie verstehe, das Nichthinhören-Wollen . . . eine unendliche Kraft, fast meine ich, eine Arbeit sei es, die ungeheure Energieleistungen erfordert, um den fast zwangsläufigen Automatismus des URTEILSSATZES zu unterbrechen, die Anangke eines Sprachurteils, das Anzappen von Merkmal zu Wort und die Arbeit, einen eingespielten metaphysischen Zusammenhang - zu unterbrechen -
my private concern.

Nun tue ich mich außerordentlich schwer, an dieser Stelle auf Heideggers Überlegungen zu Phänomenologie und Theologie einzugehen, die 1929 veröffentlicht wurden, denn in meiner blinden willkürlichen Suche nach einem EREIGNIS, nach einer definitiven Offenbarung..... oder einfacher, einem Referenzpunkt in meiner Höhlenphilosophie - ist der Versuch einer Theologischen Bestimmung ... ein „hölzernes Eisen" und Heideggers Feststellung „*christliche Philosophie..das ist ein hölzernes Eisen...*"..

Die Lichtung und die Zeitlichkeit des Religiösen - als wären es zwei Wasserlinien, die nichts miteinander zu tun haben. Licht,so Heidegger in der Kritik von Steiner, wird etymologisch gedeutet, misdeutet. Dennoch, dass „*ein Denken, das sich im weiteren Sinne immer noch phänomenologisch versteht, sich das gewissermassen ebenfalls als phänomenologisch zu bezeichnede Verfahren der Sprache, Wesensverwandschaften auszusprechen, ausdrücklich zu eigen macht und als Möglichkeit im Denken wiederholt. - sei naheliegend.* „Wesensverwandschaften" -"*schliesslich bedarf auch die Methode nachvollziehbarer und gesicherter etymologischer Erkenntnisse.*"

Man sieht schon, ich habs nicht richtig verstanden, meine Sätze stehen krumm. Meine persönlichen Annahmen zur
negativen Theologie strahlen zurück auf den Begriff des Menschen, oukanthropos....denn die Frage, die mich bewegt ist die, ob es selbst in der Konzeption des deus absconditus liegt, dass seine Abwesenheit zurückstrahlt auf die gesamte geschichtliche Zeitlichkeit, selbst wenn sie ihrerseits positiv einer Geschichtsschreibung zu zurechnen ist, in der eine christliche Erwartung erfüllt ist oder wird....
stop
„*in der Geschichte der Philosophie zumal ist die Erforschung der Geschichte bodenlos, wenn sie nicht durch einen vorausweisenden Zugriff auf Jenes geleitet wird, das als DIE EINE SACHE DER PHILOSOPHIE DAS WAHRE WISSEN ÜBER UNS SELBST*
(Dieter Adelmann 57ff

Allerdings benötigt eine Denkstruktur, die vor der Sprache liegt mehr als nur eine Intention die sich auf die nächste richtet, mehr als nur ein unsichtbares Magnetbändchen, dass das nächste Wort so anzieht dass es einem synthetischen Urteil ähnelt. Vielleicht ist die Frage nach dem synthetischen Urteil diejenige, die Hermann Ritzel wieder zurückdrängt in den Hintergrund der unwichtigen vorbereitenden aber nur stützenden Gedanken, zu den Vorarbeiten einer nichtstattfindenden Revision der Logik, Fragen der Ähnlichkeit, der Identität, Versteinerungen der Logik, Kristallisationen désolée - private joke - die Hermann Ritzel in die Nähe Hermann Cohens rücken lassen, allerdings wie immer ohne tieferen Begründungszusammenhang

Nun ziehe ich hier definitiv meine Grenze. Zwar wäre es aufschlussreich, herauszuarbeiten,

*„Die Sendung benötigt einen Empfänger, die Schickung den Beschickten"*
(Steiner S.174 unter 4.3.2.2.Ereignis und Mensch) -
ob Heidegger an einer gesellschaftlichen Empfänglichkeit für ein christlichen Erscheinen, einer rein christlichen Theophanie des Worts teil hatte, ihr den Boden bereitete oder ob er sich davon befreite oder ob er sich vom Wort Neuland versprach, einen Boden für Neues, um es unverfänglich zu formulieren.

Doch ich bin mir nicht sicher, ob darin der kairos liegt - ob hier der geglückte - der zu glückende Moment meines Textes ist... an dem denr Moment einer Entscheidung sichtbar ist.

Wenn die Erfüllung der Epiphanie das Progrom ist.....
Und doch dem Vollbringenden, wenn das Wort gestattet ist, das Vorausweisen, die danach zu lebende Zukunft, der immer noch nicht abgeschlossenen Heilsgeschichte auf einen grundlegenden Mangel verweist, die noch ausstehende Zukünftigkeit die Leere formuliert...

Ich bitte um Entschuldigung. Meine Interpretation greift zu kurz. Das hat seinen Grund, sagen wir, das ist der dramatische Aspekt an der Sache.
Die Interpretation des Handlangers.
Oder das Missverständnis.
Zafrani besprach Heidgegers leere Theologie...es war keine negative

Theologie, es war Abwesenheit von Theologie.
Es war der Nachweis eines gnostische inspirierten Gedankengangs, dessen Fehlleistungen einem paganen Heidentums entstammen.
Ich glaube das nicht, überhaupt nicht. Aber es ist nicht relevant, ob ich das glaube.

*"Wer die Quelle des Gesetzes in einer übernatürlichen Offenbarung anerkennt, wird als des Tugendfleisses bar betrachtet."* Hermann Cohen
Nun bin ich in diesem Höhlengleichnis der Abwesenheit - da Nomos, Gesetz und logos, Begriff und Ethik als Logik der Geisteswissenschaften wie ein ein Schatten dem anderen ähneln - auf die Frage nach dem göttlichen logos gestossen und der Intention, die sich drauf richten kann. Bei meinem Nachdenken über eine angebliche Gleichheit von menschlichem Wort und göttlichen Logos, bin ich versucht, auf Gerschom Scholems Arbeiten zur Gnosis und Jüdischen Mystik auszuweichen, der in der Mystik kynisches Erbe sieht.

*"Auch Meister Eckehart - der deutsche Mystiker - hat zu gleicher Zeit ganz ähnliche Ideen formuliert und sich dabei auf „die Alten", das soll heissen: die Stoiker, berufen."*

Solch kynisches Erbe sieht er auch am Werk in der Radikalität der chassidischen Abwendung und Hinwendung zur Meditation, die ich in meiner Zusammenfassung verkürze auf das „Geheimnis des Gebets". Aus den magischen Möglichkeiten des Gebets, den Ritualen und Formen, die zur Meditation gehören, entwickeln die Chassidim - man verzeihe mir meine unsachgemässe Darstellung - Gebetsintentionen, die $k^a$*wwannot*, wörtlich Intentionen. ( Gerschom Scholem, Jüdische Mystik 102/4/ 6). Die Gebetsintentionen richten sich jedoch nicht, wenn ich richtig verstanden habe, an den Ewigen, sondern, an eine Emanation, sich richten sich auf Umkreis der Gnade, der Schechina. Wie aber der Chassid zur Kenntnis von und in das „Geheimnis des Gebets" kommt, lässt Scholem offen.
Der Baalschem, den andererseits Martin Buber zu Wort kommen lässt, meint *„Was sind alle kawwanot gegen einen rechten Herzengram!"*

*„Aber noch ist dieses Wissen schwach und wirr, gilt nur als abseitige Überheblichkeit - Einzelner und wird als Folge heutiger Zustände gerechnet, ohne zu sehen, was diese selbst*
*sind: seynsgeschichtliche Folge der Seinsverlassenheit - daß die Einzelnen einer wesentlichen Geschichte zugehören, der wir nicht gewachsen sind - weder in der Haltung noch auch in der Besinnung"*
*„die innige (einholende) Ausbreitung die entrückte Sammlung Die gestimmte Inständigkeit im Inzwischen*
*d.h. herderisch : im Hören, was den tieferen Sinn der Vernehmung anzeigt.*
*Laut als verwahrende Verschliessung – Erde der Welt. » Heidegger 109*

Taubes, der dem Mystiker mit einer grösseren Vorbehalt gegenübersteht, spricht mehr von List.

*„Die Einheit des mythischen Bewusstseins, die, wie immer man sie versteht, die Präsenz des Göttlichen und seinen Kommerz mit Welt und Mensch in verschiedenen Metamorphosen voraussetzt, ist gesprengt. Sie kann nur durch einen Preis wiedergewonnen werden, durch den Aufschwung des pneumas erreicht werden, das die unendlichen Distanzen von Welten und Äonen überschreitet, überspielt, überlistet....."*

„Überlistet" schrieb Taubes - vor kurzem habe ich einen Vortrag gehört über die Unaufrichtigkeit des Philosophen, ich weiss nicht mehr, wer sich darüber empört hat. Ich will es auch nicht anführen, um zu beweisen, dass Erkenntnistheoretiker, der auf Offenbarung setzt, sich selbst austrickst oder dass der Mystiker „mogelt".

In den 90er Jahre hielt der polnische Theatermann Jerzy Grotowski in Paris einige – der Öffentlichkeit zugängliche - lectures über seine Theaterarbeit in Polen und Italien ab, die sehr aufschlussreich waren – insbesondere seine Gedankengänge zur Vielschichtigkeit von „Intention" „Absicht", „Stimulus", „Reiz", „Erinnerung", „tiefe Erinnerung" (die nicht notwendigerweise eine Kindheitserinnerung sein muss) etc. haben mich schwer beschäftigt. Dilettant der ich bin, hatte ich mich unter das Fachpublikum geschmuggelt – und ich fürchte, dass einige nicht ganz begriffene Überlegungen sich hineindrängeln in meinem zukurzgreifenden Versuch einer Rekonstruktion des Heidegger-Herder-Seminars.

Wie beim Spieler es wünschenswert sein kann, dass sich - in seiner Haltung, seinem Gesicht ein Gedanke abzeichnet, ohne dass dieser zu einem Ausdruck gelangt, dass sich eine Intention abzeichnet, unklar vielleicht, die ihren Gehalt verändern kann, auch wenn sie sich bereits andeutet, aber nicht ausgeführt wird. Interessanter ist, wenn etwas das einen leiblich sichtbaren Eindruck Ausdruck hinterläßt, aber mit keiner Aktion schliesst, keinen Akt.

Wenn einer zu einer Geste ansetzt, einem Wort, aber die Intention nicht ausführt.

Dadurch wird ein Spiel interessant. Das Drama der Gewissensregungen, dem wir zusehen wollen.

Eine emergente Sinnordnung kann durch ein ausdrucksstarkes Gesicht wandern, dass ein Spieler in die Kamera hält, in dem „es arbeitet", muss aber nicht. Noch bedarf es der Verschleppung
der Intention, manchmal über Jahre, wie im Falle des Herrn K. des Bertolt Brecht, um einer zurückgestellten Intention ein Gesicht zu geben.


Das Problem ist, dass für einen Philosophen dies nur SCHEIN ist, Spiel eines unaufrichtigen Schauspielers, ohne doch zu berücksichtigen und zu verstehen, dass ein Schauspieler nur deshalb mit Mechanismen der Unaufrichtigkeit spielen kann, weil sie Teil des gedanklichen und vorgedanklichen Prozesses sind.

Das kränkt die Jünger der Umerziehung, der Aufklärung und der zu verwirklichenden Wahrheit.


Grotowski der sich durchaus intensiv mit indischer Philosophie, mit Yoga und mit dem Mahabarata beschäftigt hat, neben und gerade in seiner tiefen Verwurzelung im polnischen Katholizismus, sprach von Blasphemie. Ein Facette, eine letzte Etappe in der spirituellen Dimension.

Vielleicht ist mein Mißverständnis - Grotowski und Heidegger gegenüber - dass ich das Anathema der Intention auf das Wort übertragen habe. Dass sich unter meinen Händen ein Wort mühsam eine Bahn schaffen muss und dass diese Intention garnicht die Intention d e s Meinens ist, von der Hermann Ritzel sprach, aber doch auch kein Gedanke ist, selbst ein Gedanke kann nur den Bruchteil eines Wortes beinhalten und doch Gedanke sein.
Da eine Intention auch nicht das Wiederfinden eines ein- und angeborenen Gedankens sein sollte, sondern einen Moment darstellt kann im Entstehungsprozess der Sprache, die in einem Verfallsprozess, einem Zerfallsprozess begriffen ist:
London hören - als Verflachung des eigentlichen Hören - wie in Ferngespräch – steht in den Notizen Heideggers
Auch das Hinhören des Professor Dr. Hans Leisegang während der öffentlichen Trauerkundgebung für den verstorbenen Hindenburg hatte ihn, Leisegang, auf die Idee gebracht, es sei auch hier eine Verfallserscheinung und ihn bemerken lassen, dass sei ja wie bei einer Wahlkampagne.
Das Blöde an der Sache ist, das die Idee mit dem Pneuma, dem Wolfgang Ritzel auch - irgendwie gekommen war - unterschwellig, unterirdisch oder grottenschlecht, wie Hans Leisegang 1948 fand




Grottenschlecht.


„38. *„Das erste Wort"*
„Merkzeichen der Vernunft" (41) – *„Das Wort der Seele"*; etwas als

eigenschaft, als *unterscheidend* und zukommend an-erkennen; sich
zu-stellen, *Einverständnis*, zu-sich-sprechen
(Heidegger 47)


Wenn die Grammatiker wüssten
Einer zerfallenden Sinnordnung.
Und die Freiheit...
Wolfgang Ritzel hört nicht, er schreibt hin, dass hier *„gewiss vor-
und nachherderisches idealistisches Gedankengut" vorliege.... S.182....
Affinität beider Unterscheidungsglieder....."*
*„Damit ist aber die Vernunft nicht nur ein von außen angelegter
Maßstab – sie ist vielmehr inneres Prinzip menschlicher Wirksam-
keit, insofern diese Wirksamkeit im Dienste der Aufgabe des Selbst-
vollzugs, der Selbst-Verwirklichung der Vernunft steht."*
Die Sechste Semestermitschrift schließt wie folgt:
*„Im Bedürfnis, ...kennen zu lernen" manifestiert sich die Vernunft-
mäßigkeit des Menschen und seine Freiheit; in diesem Bedürfnis wurde von Herder zugleich der Ursprung der Sprache aufgezeigt: Es ist
damit das neue Problem gestellt: In welchem inneren Zusammenhang
steht das Wesen der Freiheit mit dem Wesen der Sprache?"*
Dr.Wolfgang Ritzel


Nun kann man das Ereignis Sprache, das in das Seiende herein-
bricht, verlassen.
Den Bedeutungshorizont des Philosophen Heidegger oder die Philosophie, die in den Bedeutungshorizont der NS -Größen Rosenberg
Goebbels Hitler eingebettet ist. Und in den auch der Student und
spätere Doktor der Philosophie Wolfgang Ritzel eingebettet blieb.
Die Freiheit des Wolfgang Ritzel, der widerwillig, vielleicht, aber
pflichtschuldig der Universität den Rücken kehrt, den Einberu-
fungsbefehl in der Tasche, sich in die Kaserne begibt:
„Pflichtschuldig" verdeckt und meint zugleich die Freiheit, sich in
seiner Doktorarbeit mit Hermann Cohen zu beschäftigen, und das

geplante Heidegger-Kapitel über Kant **nicht** für seine Doktorarbeit zu verwenden.

*als freidenkendes*
*als frei sich bildendes*

*freiheit und wort*
*frei von frei für*

*zugehörig - hörend als erschweigend*
*abgründige Verweigerung*

Nun bin ich auch fast am Ende angelangt und darf vielleicht einfach nur die letzten Semesterprotokolle zusammenfassen: *„Die Schwerpunktverlagerung und einseitige Verschiebung der Frage in die Ebene der Wissenschaft muss merkwürdig erscheinen, wenn man bedenkt, daß zwischen Herder und Grimm Kant und der ganze deutsche Idealismus (Fichte, Hegel Schelling) steht. (..)*
*Geist wird Kulturwert, während die Wissenschaft sich mit handgreiflicheren Dingen befaßt. Aber auf dem Boden der Metaphysik und aus ihr erwachsen ist auch diese Wissenschaft noch im Grunde Metaphysik".*
K.Ulmer im 10 Semesterprotokoll des Oberseminars
*„In dieser Vervollkommnung wird der von Menschen geschaffene Kulturbestand gesichert und im weiteren Ausbau nur um so endgültiger gefestigt. Dieser Vorgang, ermöglicht durch den metaphysischen Charakter der Sprache und vorwärtsgetrieben durch die Sprachwissenschaft, bezeichnet in sich eine zunehmende Entfernung vom eigentlichen Wesensgrund der Sprache."* So das elfte Protokoll).

Nun wäre es mein Job, zu überprüfen, ob der Augenblick herausgearbeitet ist, ob der Moment zu finden ist, an dem das Mitschreiben des Protokollanten, **unsicher und doch sicher** wird. Wo der Moment liegt, wieder und erneut, an dem greifbar wird, da der Doktorand sein Thema faßt, an dem er, der Abschreiber, Wolfgang Ritzel, ohne sich je selbst als Neukantianer zu bezeichnen, sich wieder

dem Thema zuwendet:
„Dass das Subjekt sich mit der Wirklichkeit im „immanenten" Sinne
- den blossen Vorstellungen - nicht begnügt, sondern den Gegenstand - „wirkliches Sein" - kategorial bestimmt, liegt nach Heinrich
Rieckert nicht an dessen Wirklichkeit, sondern am „unwirklichen"
Sollen: dem durch das Subjekt selbst erhobenen und vernommenen
Anspruch, den Gegenstand in seinem Sein und Sosein als wirklich
auszuweisen. Eingelöst wird er erst, wenn das kategorial bestimmte
„Material der wissenschaftlichen Erkenntnis" wird. Denn wirklich
im „transzendenten" Sinn ist, was mit wissenschaftlichen Mitteln
bestätigt wird.
Daher bedarf es der Form in Gestalt des - gemessen an der Kategorie
- komplexeren Begriffe, endlich des Begriffssystems: Wissenschaft
qualifiziert ihr Material als wirklich, indem sie es auf den Begriff
bringt, der in ihrem Begriffssystem seine angebbare Stelle hat."

Dieses Begriffssystem, das „angebbare Stellen" hat, ist ähnlich dem,
wonach Kant Hamann gefragt hat. Allerdings mit einer theologischen Absicht, es ging um den Stein des Merkur oder Hermes,
der real den Sinn der Glaubensmysterien erschliessen sollte, und
Kant musste zweimal nachfragen, Brief vom 6.April 1774 und vom
8.April 1774, denn Hamann bekam seine Pferde irgendwie nicht
gerade über die Ziellinie.
Die einzigen Hamann -Textzeugnis, die mir vorliegen, sind seine
Briefe an Kant, wie sie Meiner 1924 im Band „Kant Briefwechsel
1.Band" abgedruckt hat, den mein Großvater Dr.Wolfgang Ritzel
mir überlassen hat.
In just dem Band mit den Schokoladenpapierchen. Den geplätteteten
Alu-teilchen...gleichgültig, ob als Lesezeichen oder Abfallhalter.
Denken muss ja nicht immer eine Qual sein.

*Hamann an Kant, April 1774*
*„Überhaupt ist die Wahrheit von so abstracter und geistiger Natur,
dass sie nicht anders als in abstracto, ihrem Element gefasst werden
kann. In concreto aber erscheint sie entweder als Widerspruch oder ist*

*jener berühmte Stein der Weisen, wodurch urplötzlich jedes unreife Mineral und selbst Stein und Holz in w a h r e s Gold verwandelt wird."*
*„Minimum est, quod scire laboro -"*

*„Auslegen gehört Gott zu - - -*
*meine treuherzige Anerbietung Sie, höchst zu ehrender Herr Professor, zum arbitro eines etwas elegantern Versuchs zu machen als es mir bisher fügl. gewesen, war weder Spaß noch hatte die geringste..."*
Hamann Fortsetzung .....

Es ist wohl mein eigenes Notizbuch, das mir runterfällt, als Dahlstrom „Hamann" sagt, und Nicolas de Warren etwas tat, was mit einem Celan-Gedicht zu tun hat ... sorry... vous allez me pardonner... Mein eigen-unwichtiges Notizbuch, das ich trotz aller meiner Bemühungen nicht einholen kann.

Es mag albern sein, dass ich die Schokoladenpapierchen erwähne, vielleicht erklären sie etwas, eine hedonistische Grundhaltung des Philosophen, eine Haltung, die auf andere abstossend wirken kann, das SKANDALON des deutschen Biedermanns, Slavoi Zizek wird sagen, da finge der Skandal nich an,

und der Kantband wird nicht der Band Kantphilosophie gewesen sein, den Wolfgang Ritzel mit an die Front genommen hat, mehrere der Semesterprotokollanten gingen ja an die Front, am Ende des Seminars.

Während ich also versuche, die Freiheit zu finden, den Moment, da der Abschreiber abspringt, jedoch bei sich selber bleibt - und währenddessen im Hintergrund meine Suche nach Maimonides nonstop weiterläuft - Philosophieren und Denken mag ja ein Wiedererinnern sein, in meinem Fall ist es ein zwanghaftes Abspulen von Kindheitserinnerungen, stummgeschaltet auf meiner Basisline – bin ich endlich auf Leibovitz gestossen. Ich besitze leider nur eine französische Ausgabe von Yechayahou Leibovitz „La foi de Maimonide" eingeleitet von David Banon (Paris 1992). In der Ausgabe „Ostdeutsche Denker" (in dem eben auch Bruno Bauch und Moritz Löwi,

Richard Hönigswald, Nicolai Hartmann und Kroner vereint sind) ist nur ein kurzer Auszug seiner Lebenserinnerungen abgedruckt. Bei J. Leibovitz geht es, so die Einleitung von Banon, um..
*„Il ne s'agit pas d'un monothéisme éthique, version Hermann Cohen. Leibovitz rejette toute possibilité d'un rapport quelconque entre service de Dieu et éthique. Au contraire , il les maitient à distance en les considérant comme deux pôles opposés. S40 ) ...et là réside l'opposition la plus fondamentale entre lui et Kant, le grand humaniste. Pour Maimonide l'éthique n'a pas de valeur intrinsèque et essentielle. Il ne voit la morale..."*

In den Kulissen den Gängen des Pariser Colloquiums „Heidegger et les juifs", in der nachmittäglichen Pause bevor Mme A. Zafrani ihren Vortrag hielt, der eine Neuauflage der Jonaschen Kritik an Heidgegers Gottlosigkeit und „false humility" vorstellte –
habe ich zwischendrin und ohne richtig hinzusehen oder gar genau hinzuhören, den folgenden leichten Schlagabtausch vernommen: dass das Lesen von Heideggers Schriften mache niemanden zum Antisemiten, sagte ein Herr zu einer Dame, die „aber doch" auf einer gewissen moralischen Verbindlichkeit des Denkers bestehen wollte - und im nächsten Augenblick schien mir, der Sprecher habe gesagt, zumindest mache es keinen Juden zum Antisemiten.

Sprache bezieht sich auf Schweigen. Das Schweigen Georges. Das Schweigen des Philosophen Martin Heidegger. Das Schweigen des Rektors, des Gutachters Martin Heideggers zu den Judenverfolgungen: präziser: zum Abtransport und zur Internierung des Münchener Philosophen Richard Hönigswald im KZ Dachau ~~zur Emigration von Hönigswald Dem Publikationsverbot Hönigswald,dem Lehrverbot von Edmund Husserl, dem Steckbrief und der überstürzten Flucht von Siegfried Marck. Dem abrupten und definitiven Verschwinden von M. Löwi Und ebenso zur Deportation von Edith Stein.....~~
Wobei man die Argumentation, vielleicht, ein wenig funktonaler strukturieren könnte ohne doch der Würde des Amtes eines Dekans

und der Menschenwürde eines Philosophieprofessors zu nahetreten zu wollen.
Vermutlich stützen sich die Vorwürfe gegen Rektor und Professor Heidegger wie ich mutmasse auf die Schwierigkeit, den Philosophen mit dem Dekan und dem Lehrstuhlinhaber in Einklang zu bringen - da Heidegger selbst unablässig eine philosophischen Weg im Ungebaren, Unwägbaren zu erschließen suchte, in einem steten Abwägen Vergleichen Analysieren Erweitern und Hinterfragen, die Berufsfelder der Wissenschaft und die Lebensrechte der Philosophen abwägt und einholt, macht es das für mich nicht einfacher, den Philosophen zu verstehen, der am Hofe des Tyrannen Platz nimmt - den Dekan, der die neuen nationalsozialistischen Verordnungen umsetzt, die das Wesen der deutschen Universität neu definieren und die Gutachten verfasst, mit denen die Professoren Marck, Hönigswald, Löwi etc geschasst wurden.
Auch das Schweigen des W. Ritzel gegenüber W.Sieben. Das Schweigen des WR gegenüber Carl Theil und Martin Buber. Das Schweigen gegenüber Hedwig Conradt-Martius und Edith Stein. Ums präzise zu benennen

Pause.


Ohne mehr als unbedingt nötig auf Heideggers Sprachverständnis einzugehen, auf das Schweigen innerhalb des Sprechens, der Vorbereitung zum Sprechen -
denn, um ehrlich zu sein, Heidegger interessiert mich überhaupt nicht. Ausserdem habe ich, anerzogen, einen Heidenrespekt vor philosophischen Ambitionen: Weder traue ich mir eine Analyse Heideggers zu noch habe ich den Anspruch.
Mich interessiert Sprache.

Sprache die ein antisemitisches Problem hat oder das antisemitische Problem einer Sprache ohne Theologie..

Ich fürchte, Heideggers Schweigen, das Schweigen des Wolfgang Ritzel „sagt" nichts über den Faschismus aus.
Vielleicht würde es uns etwas über unsere Erwartungen an Philosophie lehren. Worst case szenarien, an denen sich das Exemplarische der conditio humana zeigen soll... Sprachlosigkeit, wie jene, die sich einstellt, wenn jemand nicht mehr reden kann.
Heidegger Seminar, erstes Semesterprotokoll Zeile 15:

*„so, wenn wir sagen, daß einer die Sprache verliert. Seine Fähigkeit, Gedanken zu äußern setzt vorübergehend aus, ohne daß er zu denken aufhört."*

Heidegger hätte das natürlich Stellung nehmen können. An anderer Stelle tun können. Als öffentliche Person.
Wolfgang Ritzel, einmal Professor geworden, hätte der Arbeiten und reformpädagogischen Ansätze des Carl Theil Erwähnung tun können, so beispielsweise in seinem Opus „Philosophie und Pädagogik im 20.Jahrhundert" - stattdessen redet er über Löwi, Natorp, Litt....
Er hätte auch des ehemaligen Gymnasialprofessors Dr. FritzMartin Ascher neuer politischer Rolle ein Wort reden können. Oder Martin Buber. Hat er aber nicht. Stattdessen hat Wolfgang Ritzel an Gerschom Scholem rumgegiftet:
„Man vergisst so leicht, dass sie waren wie wir".
Sagte er, als ich ihm einen Briefwechsel-Band schenken wollte.
Scholem hatte auch bei Bruno Bauch studiert, hat auch Referate gehalten, aber er hat den „gemässigten" Antisemitismus des Prof. Dr.Bruno Bauch sicher nicht sehr hoch und in dankbarer Erinnerung behalten.

*„In Bauchs Hauptseminar lasen wir die Logik von Lotze, die mich kalt liess. Ich verfaßte mein Seminarreferat zur Verteidigung der mathematischen Logik gegen Lotze und Bauch, von diesem mit Schweigen quittiert. Das sprachphilosophische Element einer von Mystik ganz gereinigten Begriffssprache wie auch deren Grenzen schien mir klar. Ich berichtete darüber an Benjamin, der mich bat,.....* (Gerschom Scholem, Walter

*Benjamin, Geschichte einer Freundschaft. S65ff)*

Deshalb sind meine Überlegungen nur vorbehaltliche, tastende Versuche, etwas zu verstehen...die Borniertheit meines Grossvaters zu verstehen, der Ende 1944 Anfang 1945 ein verdammtes Problem hat. Er hat ein Problem mit

mit -

und es ist nicht ganz einfach, herauszufinden, welches das ist. Er hatte es für den Rest seines Lebens. Und unternahm verschiedentlich Versuche, darüber zu reden, manchmal im Rahmen einer philosophischen Veranstaltung.

Eine Lebensbeichte ist nichts, was in ein Philosophieseminar gehört. Fragen Sie einen x-beliebigen Seminarleiter.
Es stimmt einfach nicht. Die Erwartung, ein Philosoph müsse Rechenschaft ablegen, ist irrig.
Das weiss ich deswegen, weil ich meinem Großvater dabei zugesehen habe. Philosophie, deutsche, die sich mit Beichte beschäftigt, Lebensbeichte und Rechenschaft, ist ein Abwesenheitsveranstaltung. Vielleicht war es das, was ich Dahlstrom sagen wollte. Das Wesen der Beichte bezieht sich auf Abwesenheit.
Das war sein Kummer. Sehr tief.
Die Beichte eines Professors gilt als peinlich. Dazu brauchen wir auch garnicht bei Rousseau nachzuschauen.
Es ist Teil des heutigen philosophischen Diskurses und der alltäglichen, in unzähligen philosophischen Räumen stattfindenden Seminaren.

„Daß sie waren wie wir" - Das Identitätsproblem, das hier bloss die Schwierigkeit ist, sich selbst zu ähnlen, dem Bild, das man von sich selber hat, zu entsprechen, ist so schon schwer und in einer Zeit der nationalsozialistischen Bewegung, die sich vornahm, den ganzen Mensch umzuwandeln, mehr als schwer. Dass es einigen gelungen

ist, ihre Menschlichkeit zu bewahren, und dass andere sie verloren haben - „Ist das ein Mensch?" war die Frage von Primo Levi und er meinte nicht die Deutschen - versuche ich im Kopf zu behalten, und jeder der bis hierher gelesen hat, denkt sichs schon bei all diesen Vielleichts und aneinandergereihten Vermutungen.
Das Bild, das ich von W. Ritzel habe – oder versuche, zu bekommen, stimmt sicherlich nicht dem Bild überein, das er selbst von sich hatte. Aber das Bild, das ich von ihm zeichne, wird garantiert auf mich abfärben.
Nach den bisherigen Erfahrungen, die ich machen durfte, sind die Gegner des Faschismus, fast noch mehr von der genetischen, biologischen Vorherbestimmung und Vererbung überzeugt als die nationalsozialistischen Genetiker selber - wie man ja an mir sehen kann. Mein Job ist es hier, nachzuweisen, wieviel „von den Genen noch in mir steckt" und inwieweit es gelingt, mich davon zu befreien. Leider ist das auch der Grund, der es nicht erlaubt, manche Quellen zu zitieren.
Die bei Heidegger beklagte, hier gewollte Verdunkelung der Philosophiegeschichte hat einen Grund in dieser Vorannahme.


Übergängig, - en passage...
George...nicht Cohen.

Und hier darf ich vielleicht wieder auf Hermann Ritzel zurückkommen, an anderen genetisches Material, das durch mich hindurchgeht oder an das ich mich angedockt habe... was, wenn es „artfremd" ist, als Vergewaltigung empfunden wird...Franzosen sind da sehr pingelich heute und sie sind nicht alleine damit.
Hermann Ritzel, den man vielleicht am ehesten der Gruppe um Adolf Reinach zuordnen könnte als einem Denker, mehr noch als der von Daubert - von Husserl angeregt - schliesslich ist es Reinach, den Hermann Ritzel in seiner Arbeit über „Synthetische Urteile apriori" zitiert und auf den er sich bezieht und der heute als ein

Vordenker der Sprechakttheorie - so Burckhardt, gesehen wird......
Der Phänomenologie des Glaubens..oder der Textillokution.

*„Reinach unterscheidet also innerhalb des „sozialen Aktes" ein „Tun",
einen Akt des Sich bzw Anderen-verbindlich-Machens und des Ansprüche-bewirkens, vom „Inhalt" dieses Tuns, der auch der Inhalt
der erzeugten Verbindlichkeit bzw des etablierten Anspruchs ist. Die
Analogie zu Austins „rhetischem" bzw Searles „propositionalem Akt"
ist offenbar." (A.Burckhardt „Soziale Akte, Sprechakte und Textillokutionen: Reinachs Rechtsphilosophie S.37)*

Und bevor ich von dem theologischen Anspruch des „Sich-Anderen-verbindlich"-Machens zu anderen Sprechaktformen übergehe,
die letztlich zu einem Préfix - verkümmert sind, einem Minuszeichen, die so wenig aussagen wollen, wie das „nicht", das „anti"
und das „un-"


Nichtunbraune Hunde jagen nichtunmenschliche Wesen.


*„Es ist als ob es nicht mehr Ernst wäre, wenn Hegel den Widerspruch
physiologisch bezeugt. „Wenn man aber sagt, dass der Widerspruch
nicht denkbar sei, so ist er vielmehr im Schmerz des Lebendigen sogar
eine wirkliche Existenz" Wenn nur wenigstens die Identität als die
Lust des Lebendigen gepriesen würde.
Sie ist aber noch weniger werth als der Widerspruch, der das Wesenhaftere sei." S.95 Hermann Cohen, System der Philosophie, Nachdruck*
blende ich meine aus dem Off kommendenBemerkungen aus, um
meinen Protagonisten, den Protokollanten, da er fertig ist,
hinüberzugeleiten in den Bereich der strafrechtlichen Aussagen- und

Behauptungslogiken. Hier bietet sich Adolf Reinach an, der sich bei Behring in Tübingen mit einer Arbeit unter dem Titel *„Über den Ursachenbegriff im geltenden Strafrecht"* promoviert hat.
Das Schlussverfahren der Logik und die Strafrechtlichen Vorstellungen einer juristischen Rekonstruktion könnte nun das nächste Kapitel mit Überlegungen eröffnen zum „legal reasoning".




Ausblick.
Herwig Blankertz erinnerte sich in seinem Referat „Ethik und Ethos" ‚Zum Primat der praktischen Vernunft im Kant-Verständnis von Wolfgang Ritzel', Münster 1978, an ein besonderes Seminar, in dem, an dessen Anschluss W.Ritzel, der das Seminarleitende Professor, seinen Studenten, eindeutig und präzise dargelegt habe, dass sowohl der Stauffenberg-Attentäter wie der SS-Offizier gleichermaßen ihrem Gewissen gemäß gehandelt haben können. *„Nur - und das ist jetzt die erste Korrektur - der sittliche Wert ihres Verhaltens erschöpft sich nicht in diesem gemeinsamen, der Achtung vor dem Sittengesetz..."*



Um die Stellungnahme des Protokollanten zu kennen, den Moment, an dem ihm das Ereignis übereilt, an dem er sich ihm entzieht, kann ich ..in diesem Fall ... nur für den zeitlichen Moment des Sommers 1939 annehmen. Mit dem Ende des Oberseminars von Heidegger „Vom Wesen der Sprache".
Was Wolfgang Ritzel daraus macht, ist eine andere Frage. Die Frage nach dem Weg, den er ab September 1939 einschlägt, auch nur bruchstückhaft zu beantworten, wird noch einiger Recherchen bedürfen.
Aber es schien mir wichtig, davor, bevor er die Entscheidungen trifft, und wie er, vielleicht, versucht, militärische Entscheidungen

zu umgehen, war mir wichtig, herauszuarbeiten, womit er sich beschäftigt haben könnte, beschäftigt hat.

Der Moment einer ..suspense.. eines Schwebezustands ..

Es ist sicherlich wichtiger, sich zu fragen, an welchen realen Massaker der Philosoph Wolfgang Ritzel teilgenommen hat, und die Recherche danach auszurichten.
Bisher waren die im Auftrag der Familie vergebenen Nachforschungen und die von mir unternommenen Nachfragen negativ.
Negativ heißt : Ergebnislos.
Aber der Verdacht kann ja bleiben. Er ist philosophie-genuin.

*„Dies ist…allerdings die Aufgabe der Philosophie: der Nachweis also, dass jede Möglichkeit verantwortlicher, d.h. an einen verbindlichen Maßstab orientierter Entscheidung letzten Endes jener einer übergreifenden Wahrheit untergeordnet und somit dem Kosmos eingeordnet ist, zu dem die Wahrheit sich differenziert – dass also nur, was seinen Ort innerhalb dieses Kosmos hat, als Leistung gelten darf, während eine Position, die sich ihm nicht einfügt, auch keinerlei Wert – theoretischer oder ethischen, ästhetischen oder religiösen oder rechtlichen – für sich beanspruchen kann." (Wolfgang Ritzel, „Fichtes Religionsphilosophie")*

*Anhang*

*Jugenderinnerungen des W. Ritzel, im Privatbesitz*
*Studienzeit Breslau ab WS 1933*

Rücken erblickte man das Universitäts-Hauptgebäude, vor dem sich in kraftvoll-anmutiger Haltung die berühmte Fechterstatue erhob. - Ich saß - also im Winter 1933/1934 - bei Ludwig Baur in einem Seminar über Platons "Staat" und besuchte die Vorlesung und das Kolloquium des Geheimrats Kühnemann, der im "Orgelton der Begeisterung" (nach dem mir zu Ohren gekommenen Spottwort eines Kollegen) über das Wahre, Gute und Schöne und über die großen Denker um 1800 tönte, die dasselbe auf ihr Panier geschrieben hatten. Er war namenlos eitel, befriedigte seine Eitelkeit mit seiner Suada und hatte - völlig unabhängig vom Manuskript - ständig den ganzen Hörsaal im Auge. So entging ihm nicht, wenn ein Student mit seiner Nachbarin flüsterte, und er unterbrach sich, strafende Blicke auf die beiden gerichtet. Kam gar jemand erst nach Beginn der Vorlesung in den Hörsaal, so verstummte Kühnemann erst recht, seine Schüler aber waren gehalten, dem verschüchterten Ankömmling durch lebhaftes Scharren ihre Mißbilligung auszudrücken. Aber einmal kam ein Student erst zehn Minuten nach dem Läutezeichen zum vorderen Hörsaaleingang - auf Höhe des Katheders - herein, blickte sich, da der Geheimrat indigniert schwieg und das Auditorium scharrte, fragend um und nahm dann den Weg auf der Seite der Bankreihen zur hinteren Hörsaaltür. Er hatte schon den Türgriff in der Hand, als Kühnemanns donnerndes "was unterstehen Sie sich?" ihn erreichte. Da wandte er sich mit einer Verbeugung zum Katheder, sagte, "Verzeihung, Herr Geheimrat, ich dachte, hier wird gelesen" - und war draußen. Kühnemann rang kurz um Fassung; dann bekannte er - und nie hat er mir so imponiert wie mit diesem Eingeständnis - "der war mir über!" - Einmal im Semester ging er mit seinem Seminar aus - nach der Sitzung, wenn wir Hunger hatten und uns nicht nur auf ein handfestes Essen freuten. Aber nun kannte Kühnemann den ganzen "Faust" auswendig, und kaum waren wir in behaglicher Stimmung und hatten unser Bauernfrühstück vor uns, so erhob sich der Herr und Meister, um uns die ganze

Gretchentragödie vorzutragen - effektvoll von der Rolle Frau Marthens zu der Mephistos, zu der des Helden, zu der Gretchens überwechselnd und überzeugt, uns einen hohen Genuß zu bereiten. Es wäre ein Sakrileg gewesen, zu essen, während er rezitierte; und so saß ich zähneknirschend im Breslauer Ratskeller vor meinem erkaltenden Schmaus, der, als Kühnemann zu Ende gekommen war, nicht mehr schmeckte. - Einmal besuchte ich mit Freunden einen Vortrag des Staatsrechtlers Hellfritz, eine nach Form und Inhalt brillante Leistung. Als wir anschließend zu unserem Lehrer Kühnemann traten und ihm unsere Begeisterung zum Ausdruck brachten, sagte er nur: "Der Kollege Hellfritz hat aber auch den besten Schneider in ganz Breslau!" Und der Mann, der es nicht lassen konnte, sich in Szene zu setzen, war 65! - Die Begegnung mit ihm sollte nicht meine letzte Erfahrung mit der Gelehrteneitelkeit sein. Mir will scheinen: Eitel sind wir alle, ob wir es zugeben oder nicht. Die Kunst besteht darin, die Eitelkeit bis auf den Punkt zu treiben, auf dem niemand mehr etwas von ihr bemerkt. Sagte ich jetzt noch, ich beherrschte diese Kunst, so würde mein Leser urteilen: Gerade diese Behauptung verrate meine Eitelkeit. Darum sage ich nur: Ich bin bestrebt, mich in dieser Kunst zu vervollkommnen. - Den wichtigsten meiner Breslauer Lehrer, zugleich die stärkste Persönlichkeit, der ich unter den Dozenten begegnet bin, nenne ich zuletzt: Den Extraordinarius für Psychologie Moritz Löwi. Als Kriegsteilnehmer und Kriegsversehrter (er humpelte) glaubte er naiv genug, vor den Verfolgungen sicher zu sein, denen seine Rassegenossen ausgesetzt waren. Wirklich konnte er, als ich in Breslau studierte, noch lehren und prüfen, aber seit seinen 1934 erschienenen "Grundbegriffen der Pädagogik" nichts mehr publizieren. Bald danach wurde es auch für ihn unerträglich, und er emigrierte in die USA - zu spät, denn nach dem Unterkommen der schon früher geflohenen deutschen Gelehrten war kein Lehramt und kein Posten mehr zu haben. 1942 starb Löwi in der Fremde, wie ich hören mußte:

Im Elend. – Wie er so war der um ein Jahrzehnt jüngere Wolfgang Cramer Schüler Richard Hönigswalds; 1957 widmete er dem Andenken des Mitschülers seine "Grundlegung einer Theorie des Geistes". Im Vorwort bekennt er, Löwi "den ersten Einblick in das ungeheure Problem der Subjektivität" zu verdanken, und fährt fort: "Er ist heute vollkommen unbekannt. Das gibt es also, daß ein edler, zum Denken hochbegabter Geist, der eine Fülle weitreichender Gedanken hatte, nicht eine Spur seines Wirkens hinterläßt". – Ich war, als ich Löwi hörte, noch nicht reif genug, die Problematik der Subjektivität zu erfassen. Immerhin kam, was ich von dem Verehrten vernahm und begriff, meinem Kant-Studium zugute, mit dem ich in derselben Zeit begann.

Immer wieder muß ich die wunderbare Kraft des Gedächtnisses bestaunen, und zwar nicht einmal so sehr der Fülle dessen wegen, was in dieser "ingens aula" aufbewahrt wird, als in Wahrnehmung der Ordnung, die hier herrscht. Wir erleben in Kinder- und Jugendjahren etwas für unser ganzes Leben Wichtiges, Bedeutsames, ohne seine Wichtigkeit und Bedeutsamkeit auch nur zu ahnen. Aber unser Gedächtnis ist klüger als wir selbst zu eben der Zeit: Es bewahrt den Eindruck auf und vergegenwärtigt ihn zu späterer Zeit, da uns sein Wert aufgeht. So mein Gedächtnis die Erinnerung an meines Vaters letzten Abschied – mir eine Kostbarkeit und ein Halt im Leben, auf den ich um keinen Preis verzichten möchte. In Löwis Seminar gab jemand etwas ziemlich Albernes über Rousseaus Naturbegriff zum besten, Anlaß für den Professor, das Verfehlte dieser Vorstellung aufzuzeigen und einen Exkurs über Natur bei Rousseau anzuschließen. Ich kannte damals von Rousseau wenig mehr als den Namen und konnte nicht durchaus folgen. Aber ein Vierteljahrhundert später trieb ich Rousseau-Studien und kam auf die Frage von damals zurück, und schlagartig stand es klar vor meinem Geiste: _Das_ hat der alte Löwi gemeint! – Freilich muß das Gedächtnis geübt werden, um uns seine Dienste zu leisten. In der Pädagogik unseres Jahrhunderts

den er nicht herunterbrachte, durfte ich mich ihm empfehlen, indem ich mich dem Genuß gewachsen zeigte.

In politicis gab Bauch sich stockkonservativ, nicht zwar kaisertreu, aber der Republik gegenüber sehr distanziert und daher voll froher Erwartung dessen, was Hitler bringen würde. Hinzu kam ein Antisemitismus, wie ich ihn auch von meinem Großvater kannte; bei diesem stand die generelle Wendung gegen die Juden der Lebensfreundschaft mit einem einzelnen Juden nicht im Wege; ebenso verehrte Bauch seinen jüdischen Kollegen Hönigswald (vordem in Breslau, später in München), auch hatte er nichts dagegen, daß ich das umfänglichste Kapitel meiner Dissertation auf die Würdigung von Hermann Cohens großem Werk "Kants Theorie der Erfahrung" verwandte. Offenbar erkannte er im Antisemitismus der Nationalsozialisten seinen eigenen wieder, bis er entdecken mußte, daß jener anders gemeint und wie er gemeint war, und sich zu einer noch sehr gelinden Verwahrung ermannte, nämlich im Kolleg über die Philosophie des deutschen Idealismus. Bekanntlich war Fichte ein entschiedener Gegner der Judenemanzipation; irgendwo erklärt er, ehe man den Juden die /vollen/ ~~vielen~~ staatsbürgerlichen Rechte einräume, müsse man ihnen die Köpfe abschlagen und durch neue Köpfe ersetzen. Das war durch einen französischen Autor verfälschend wiedergegeben worden: Fichte habe gefordert, allen Juden in Deutschland die Köpfe abzuschlagen (so wie mein schon erwähnter Verwandter das für rechtens hielt). Daß Bauch in der Vorlesung mit Empörung hierauf einging und mit Nachdruck erklärte, so unmenschlich habe Fichte sich nie geäußert, und /der/ ihm unterstellten Meinung sei, dürfe sich nicht auf den Denker berufen, erkläre ich mir daraus, daß ihm zu Ohren gekommen war, was ihn schaudern ließ, und daß er mit einem blutrünstigen Rassismus nichts zu tun haben wollte. Ich bin froh, diese Richtigstellung aus meines Lehrers Munde vernommen zu haben; es macht es mir, der ich rigorosen Antisemitismus für das Indiz eines intellektuellen oder (und) moralischen De-

*Artikel des W. Ritzel*

## KULTURPOLITIK UND UNTERHALTUNG

### Das Motiv der historischen Begegnung

Durch einen Zufall kommt mir am selben Tag ein Aufsatz in die Hand, in dem versucht wird zu entwickeln, welche geistesgeschichtlichen Konsequenzen sich aus einer für beide Teile wirklich fruchtbaren Begegnung zwischen Winkelmann und Lessing ergeben hätten, und das Büchlein eines zeitgenössischen Dichters, in dem ein Zusammentreffen zwischen Goethe und dem Reichsfreiherrn vom Stein geschildert wird. Und berührt durch den eigentümlichen Reiz, der diesem Motiv der Begegnung bedeutender, ganze Lebenskreise und Epochen repräsentierender Persönlichkeiten zukommt, sei es der geistesgeschichtlichen Spekulation wie in der dichterischen Schau abkommt, beginne man über diesen Reiz selbst nachzudenken: Worin hat er seinen letzten Grund, worauf beruht er eigentlich? Wie ansprechbar und empfänglich für ihn gerade die Gegenwart ist, ist ja augenfällig — nun braucht nur daran zu denken, mit welcher Häufigkeit sich etwa der Film des Motivs solcher Begegnungen bedient: Schiller und Leibniz werden zwar nicht in unmittelbarer Berührung gebracht, aber doch im Rahmen derselben Handlung gezeigt; im Mozart-Film sah und hörte man den jungen Anfänger Beethoven dem gefeierten Meister vorspielen und war Zeuge ihrer grundsätzlichen Aussprache. Vollends greift die zeitgenössische Novellistik das Motiv der Begegnung mit Vorliebe auf — Bach begibt sich auf die Reise zu Friedrich dem Großen und hat bei der Gelegenheit gleich noch ein Zusammentreffen mit Voltaire. Die Reihe der Beispiele ließe sich beliebig vermehren, sowohl für solche Bearbeitungen des Themas, in denen die Begegnung der Großen historisch belegt ist, wie für jene anderen, in denen die Sache dichterischer Phantasie oder, wie in dem zuerst angeführten Beispiel, historischer Spekulation ist. Von den in zur humoristisch-satirischer Absicht entworfenen Konventikeln großer Geister an irgend einem mythologischen Ort, heiße er nun Olymp oder Walhall, sehen wir ab.

Worin also ist der Reiz begründet, der einer solchen Betrachtung oder Schau zukommt? Bedenken wir: Ein Doppeltes hat statt, und — insbesondere in der dichterischen Bearbeitung des Themas — ein Doppeltes wird erstrebt, sodann aber auch die Versöhnung in der Synthesis.

Die einander Begegnenden messen sich aneinander, denn ihr Zusammentreffen ist keine Alltagserscheinung, bei der jedem von ihnen „nur die Hälfte seines Geistes nötig" wäre — nein, nun gilt es, um sich zu behaupten, „den Ganzen" doch herbeizurufen", und bei dieser Gelegenheit läßt sich dem deutlicher und entschiedener als ja sonst zeigen, was an diesem Ganzen ist. So resultiert für einen jeden die Erkenntnis des Maßes seiner Kräfte, seines Geistes, seines Gepräges; zum mindesten ergibt sich für den nachgeborenen Zeugen einer solchen Begegnung, dem Leser jener Bach-Novelle oder dem Besucher des Mozart-Films, und sie ist die leitende Absicht des Dichters beziehungsweise Regisseurs. Am Rande sei noch bemerkt, daß die Darstellung dieses Sichaneinandermessens in dem Augenblick verfänglich wird, in Gefahr der Kräfte des Heiden herauszustellen, so ist nun einschränkend zu bemerken: Es ist die eine der leitenden Absichten. Die andere geht — ich erwähnte es schon — auf die Versöhnung, auf die Synthesis. Für die Kunst ist dieser Zug offenkundig; ihr ist es ihrem ganzen Wesen nach darum zu tun, die Gegensätze nicht in starrer Geschiedenheit sich gegenüber zu haben, sie wird immer darnach streben, unmittelbar in der Handlung, im anschaulich dargebotenen Gegenstand die Einheit aufzuweisen oder herbeizuführen, die die Antithese überbrückt. Es ändert hieran nichts, daß das Motiv der Unversöhnbarkeit als tragisches Motiv in der Kunst aller Zeiten und Völker eine große Rolle gespielt hat und spielt. — In der geistesgeschichtlichen Betrachtung scheint es zunächst anders zu sein: Wie dankbar ist beispielsweise die Literaturwissenschaft für jenes den näheren Umgang Goethes und Schillers einleitende Gespräch über die Urpflanze, in dem gerade die Eigenart und Verschiedenheit der beiden aufs deutlichste zur Geltung kam! Aber dieser Zug ist nur der Ernst im Herausstellen der Unterschiede, ja Gegensätze, der Ernst, der erst die Voraussetzung abgibt für eine redliche, nicht substanzierende, sondern wahrhaft konkrete Synthese, eine Synthese, die der Verschiedenheit und Gegensätzlichkeit Rechnung trägt, statt von ihr abzusehen und sich — etwa im Falle Schiller-Goethe — mit dem allgemeinen Gerede vom deutschen Idealismus bequem zu machen.

Es ist nun durchaus der Fall denkbar, daß die geistesgeschichtliche Betrachtung aus der Gegenüberstellung bestimmter historischer Größen — mögen sie nun tatsächlich in eine unmittelbare Berührung gekommen sein oder nicht — die Erkenntnis gewinnt, unter irgend welchen inhaltlichen Gesichtspunkten lasse sich hier schlechterdings keine Synthese gewinnen, und es sei ehemals unmöglich, die beiden Verglichenen etwa so wie Goethe und Schiller in Weimar auf das Sockel eines und desselben Denkmals zu stellen. Welche Bedeutung hat in einem solchen Fall die Begegnung —, welche Bedeutung darüber hinaus, daß es zu jenem Messen der Kräfte aneinander Gelegenheit gibt? Ist hier, wenn nicht unter bestimmten inhaltlichen, so doch unter irgend einem anderen Gesichtspunkt eine Synthese möglich?

Hier muß daran erinnert werden, daß alle menschliche Tätigkeit in doppeltem Sinne Stückwerk ist; der Ganzheit mangelt. Zunächst ist, wie unser alltägliches Leben in seiner ganzen Mühsal und Sorge, so auch das künstlerische Schaffen, die wissenschaftliche Erkenntnis, die politische und kriegerische Tat in Zusammenhänge eingebettet, die dem einzelnen Schaffenden überhaupt erst den Boden sichern, auf dem er in der Vollbringung der jeweiligen Leistung steht. Der Dichter setzt die Sprache voraus und setzt damit die Arbeit und das Nachdenken und all jener voraus, die diese Sprache dadurch geschaffen haben, so daß sie vor ihm in ihr gedichtet haben, die Denker steht da, wo er steht, erst dank der Gedankenarbeit der Jahrhunderte vor ihm, der Heerführer holt die Schlachtordnungen von Kanná bis Leuthen

# Ueber den Applaus

Es wäre eine lohnende kulturgeschichtliche Aufgabe, die Formen zu erforschen, in denen seit je Hörer und Zuschauer dem Werk eines Komponisten oder eines Dichters sowie der Leistung eines Musikers oder Schauspielers ihre Zustimmung, Anerkennung und Lob ausdrückten, wäre es nun in einer Art des Beifalles etwa in einer Aufführung der „Frösche" des Aristophanes oder in einer der Sophokleischen „Antigone"? In jedem Falle würde sich erweisen, daß der Applaus insbesondere als Vermittlern des dramatischen oder auch des musikalischen Werkes wichtig genug ist, nicht allein als Bestätigung ihrer Leistung am Schlusse der Darbietung, sondern gerade auch während der Aufführung als dankbares Echo der Hörer. Das Wesentliche dabei ist der Kontakt zwischen dem Künstler und dem Betrachter und Hörer, der seinen dem Künstler willkommensten Ausdruck in einem bei offener Szene losprasselnden Beifallssturm hat – so störend derartige Kundgebungen auch auf das Bild des Ganzen einer Aufführung wirken mögen.

Es sind nun aber auch Stimmen gegen den Beifall laut geworden, auch und gerade gegen die Form, die er bei uns angenommen hat – die Klatschens. Und diese Stimmen haben zunächst viel für sich. Der Applaus, der zugleich die Leistung des Künstlers anspornt und steigert, ist ein Gradmesser für eine sehr differenzierte und nuancierte Leistung, zugleich aber doch ein Gradmesser, der nur eine quantitative Skala aufweist. Auf dieser zeichnet sich die Wirkung einer Aufführung beispielsweise von Goethes „Iphigenie" nicht anders ab als die einer Opernarie oder eines Flötensolos. „Quantitas est gradus qualitatis" – die nur bedingte Geltung dieses Wortes, die schon Leibniz erkannte und begründete, und das dem Rationalismus seine letzte Tiefe gab, erhellt auch hier: In dem nur der Lautstärke und der Dauer nach meßbaren Beifallssturm ist nie ein Korrelat zu der die ihrem Wie nach vielgegliederte künstlerische Leistung; und wo im strengen Sinne von Kontakt gesprochen wird, da ist ein solches Korrelat erfordert. Es kommt diesem Beifallssturm nie der Wert zu, den etwa der geistvolle Zuruf des Hörers im Vortrages haben kann – durch ihn wird dem Redner Antwort und Widerhall erteilt, eine Frage gestellt, in jedem Fall eine Anregung gegeben. Überdies nimmt ein solcher Zuruf auch direkten Bezug auf das jeweilige Thema – das eben kann der Applaus allein nicht. Darin ist der letzte Grund dafür zu sehen, daß er vielfach überhaupt abgelehnt wird – einmal von diesem oder jenem Künstler selbst, der sich mit seiner Leistung auf einer zu hohen Stufe stehend weiß, als daß ihn diese primitive Form der Anerkennung und Zustimmung überhaupt berühren könnte; vielmehr kann sie nur die seelischen Voraussetzungen seiner Konzentration auf das Werk beeinträchtigen. Vor allem aber lehnen viele den lauten Beifall ab: Es erscheint ihnen angemessen, die Werke der großen Kunst in feierlichem Schweigen auf sich wirken zu lassen, nicht aber die Stimmung, die sie als ernstes und zauberhaftes Band die Lauschenden umspannt und zur Gemeinde macht, durch frenetischem Lärmen zu zerreißen.

Räumen wir zunächst alle diese Einwände ein, soweit sie gegen den Applaus bei offener Szene im Schauspiel und in der Oper geltend gemacht werden, ist ihnen aber auch insofern zuzustimmen, als sie den Beifall am Aktschluß und gar am Schluß einer ganzen Aufführung verurteilen? Wäre es bei ihm tatsächlich nur um die Bestätigung der gezeigten Leistung zu tun, so wäre ihnen vielleicht beizupflichten. Es liegt hier aber doch wohl noch etwas anderes vor.

Von Richard Wagner wird berichtet, er habe nach der Erstaufführung eines seiner Musikdramen zu den noch ganz im Banne des Gehörten stehenden Gefährten auf gut Sächsisch dekretiert: „Nu aber kee vernünftiges Wort mehr!" Wobei offen bleibt, ob Wagner hier bewußt den „Wilhelm Meister" zitierte, in welchem nämlich wörtlich dieselbe Wendung in ganz entsprechenden Situation – freilich auf Hochdeutsch – begegnet. Dieses Wort trägt mit geradezu klassischer Prägnanz der Tatsache Rechnung, daß wir Sterblichen unvermögend sind, den erhabenen Eindrücken der wahrhaft großen Kunst, sei es nun in der Tragödie oder in der Symphonie, im Oratorium oder im Wagnerschen Musikdrama, dauernd standzuhalten, daß ein derartiger Eindruck zugleich einen Druck bedeutet, von dem wir wieder befreit werden müssen, gerade um ihn für unser ganzes Menschentum fruchtbar werden zu lassen. Der Hochspannung, in der wir uns ihm entgegenhalten, muß die Entspannung folgen, in der wir die Erde wieder fühlen.

„dieses bedrängt, jenes erfrischt;
so wunderbar ist das Leben gemischt"

Diese Überlegung räumt auch dem Beifall, dem Händeklatschen sein Recht wieder ein, sein Recht auch und gerade am Schlusse des „Macbeth" oder des „Faust", der „Unvollendeten" oder der „Braut von Messina" oder der „Kunst der Fuge". Dem Schreiber dieser Zeilen ist es gerade beim Anhören der letzteren einmal an deutlichsten geworden, wie wohltuend es ist, nach solchen stundenlang währenden Eindrücken und damit aber auch einer starken Belastung, im Applaus die gewaltige Spannung zu entladen. Wie zuweilen nach schweren seelischen Erschütterungen das Weinenkönnen als Wohltat ersehnt und empfunden wird, so wirkte das Händeklatschen befreiend: Die Mienen lockern, erhellen sich; ein Gleichgewicht wird wiederhergestellt – und das wohl nicht nur bei den Hörenden, sondern sicherlich ebenso bei den Künstlern, denen diese Kundgebung gleichsam eine Hilfestellung gibt, den Weg zurück in die Alltäglichkeit zu finden. Freilich kann es sich hier nicht um das sofort nach Verklingen der letzten Takte losprasselnden Beifallssturm handeln – vielmehr setzt es ein, erst allmählich anschwellend und alle Versammelten mit in den Strom des wiederanhebenden Lebens ziehend. So aber wirkt der Beifall auch keineswegs erschreckend oder ernüchternd, sondern, indem er das notwendigen Ausgleich wiederherstellt, macht er den Wert der Gabe erst recht deutlich, den die Hörer etwa von Bachs großem Alterswerk empfangen haben: Daß sie den Schritt zurück in die Wirklichkeit, den zu tun er ihnen leichter macht, zugleich gereinigt, geläutert tun.

Es gibt darum freilich noch Fälle genug, wo

*Dr. Wolfgang Ritzel*
*Von der Kunst der Rede.*

Sprachphilosophie und Logik haben seit langem die mannigfachen Beziehungen herausgestellt und durchleuchtet, die da bestehen zwischen jeden sinnhaften Äußerung und – in einer Richtung – dem Sinn oder Gedanken selbst, in den anderen: Der Gemeinschaft, die sich über dieses Sinn oder Gedanken verständigt. Die Sprache als das Instrument solcher Verständigung ist das Mittelglied, in dem das Gedankliche und die Gemeinschaft mit Notwendigkeit zusammenhangen: Um auch nur vor uns selbst eine Gedankenkette zu entwickeln, bedürfen wir der Formen beispielsweise der Frage, insbesondere aber des Urteils , d.h. aber sprachlicher Formen und mithin der Sprache selbst, d.h. setzen wir die Gemeinschaft voraus, die sich in der Bildung dieser Sprache selbst gebildet hat. Und zum andern: Wo immer von einer solchen Gemeinschaft in echten Sinn die Rede ist – und nicht von einer bloßen Mehrheit -, da muss die Bedeutung der Sprache als des geistigen Mittels der Gemeinschaftsbildung eingeräumt werden, damit aber zugleich die Bedeutung des Gedanklichen. Erst indem die Sprache den einzelnen Gliedern die Verständigung über ein Gedachtes möglich macht, gewahrt sie ihnen die Teilhabe an der gemeinsamen Sache. Wessen, denen das Denkvermögen nicht gegeben ist, die also auch nicht von sich, ihrer Individualität und Selbständigkeit wissen, können zwar Herden, nie aber Gemeinschaften bilden – erst der Mensch ist kraft seines Denkens zur Gemeinschaft bestimmt, wie auch allein in der Gemeinschaft auf dem Wege der sprachlichen Verständigung sein Denken ins Spiel und damit er selbst zu seinem vollem Menschentum gelangt.
Diese wechselseitigen Beziehungen kommen aufs deutlichste in der Rede, und zwar vorzugsweise in der lehrhaften Rede zur Geltung. Dabei ist die Lehrhaftigkeit so sehr in dem zwar unbestreitbaren, aber doch auch durchaus banalen Factum zu sehen, dass hier einem Hörerkreis neue, bisher unbekannte Kenntnisse vermittelt werden, als vielmehr darin, dass die grundlegenden Gesetze und logischen

Zusammenhänge, die ein selbständiges Wissensgebiet aufbauen, aufgedeckt werden, dass der Hörer so in dieses eingeführt und mit seinem Geist vertraut gemacht wird, bis er schließlich der Führung nicht mehr bedarf, sondern über das methodische Rüstzeug verfügt, mir Hilfe dessen er sich seinen Weg weiterbahnen kann.- In der lehrhaften Rede ist nun der Redner doppelt verpflichtet: In Ansehung dessen, worüber er spricht zur Wahrheit und Objektivität, mit Rucksicht auf die, zu denen er spricht, und vor denen er freilich voraussetzen wird und darf, dass sie selbst nicht verständnislos, dass sie zum mindesten die zur Rede stehenden Fragen und Aufgaben zu verstehen in der Lage sind, zur Verständlichkeit. Seine Darstellung muss sachlich einwandfrei, sein Vortrag einleuchtend und klar sein. Man mag entgegenhalten, dies treffe auch für jeden wissenschaftlichen Autor zu – der Einwand ist indessen nur bedingt richtig: so sehr von jeden wissenschaftlichen Abhandlung grundsätzlich gleichfalls Objektivität und Verständlichkeit zu verlangen ist, so kommt doch gerade hier die Verständlichkeit häufig erst in zweiter Linie und zu kurz; tragbar ist das insofern als der Leser den Gedankenfluss beliebig anhalten kann, um , was ihm beim ersten Mal nicht einleuchtete, ein zweites oder drittes Mal zu lesen. Nicht ebenso kann jedoch der Hörer dem Fluss einer Rede gegenüber verfahren, deren Darlegungen schwer verständlich werden.

Zweierlei demnach hat der Redner zu berücksichtigen, will er über den Aufgaben der Erkenntnis nicht die der Lehre vernachlässigen, über denen der Lehre nicht am Maßstab der Wahrheit versagen. Bedeutet das nicht eine schwere Gefahr für Wesen und Wert seinen geistigen Leistung? Die Gefahr nämlich, dass diese Leistung, an zwei am Ende heterogenen Prinzipien orientiert, niemals zu einen wahren inneren Einheit gelangen könne? Oder sind beide Prinzipen in der Tat nicht heterogen, ergeben sie sich aus einander oder ergänzen sie einander zum mindesten? Wenn, wie gesagt wurde, die eingangs entwickelte Wechselbeziehung zwischen Gedanklichem und Gemeinschaft in der Rede bewahrheitet, muss dem allerdings so sein und besteht die Gefahr nicht, mit der zunächst zu rechnen war. Welches also sind die Regeln, von denen sich der Redner leiten

lässt, um einmal der Forderung der Objektivität, zum andern der der Verständlichkeit zu genügen?
Diese Regeln lasse sich, in beiderlei Richtung gleich und auch gleichwiderspruchsvoll lautend, mit den Worten Abstand und Kontakt zum Ausdruck bringen. Zunächst muss der Redner als Denke, als Erkennender die Auseinandersetzung mit den Problemen , um die es in seinen Darlegungen zu tun ist, genau so hinter sich haben, wie der Autor einer wissenschaftlichen Schrift, dem nicht umsonst eine alte Maxime nahelegt, die Ergebnisse seiner Forschung erst „nonun in annum", im neunten Jahr in Druck zu geben; denn eine so lange Zeit sei erforderlich, um den Schöpferisch-Tätigen zu einer kritischen und unvoreingenommen Einstellung der eigenen Leistung gegenüber kommen zu lassen. Nun müssen es ja nicht notwendig neun Jahre sein, wenn nun der Zweck erreicht ist, der angestrebt wird, dass nämlich Redner sie Autor über der Sache stehen, dass ihr Blick und Urteil nicht mehr durch Spezialfragen gebannt ist, die im Rahmen des zur Rede stehenden Problemkomplexes in der Tat nur eine untergeordnete Bedeutung haben.- Dieses Über-der-Sache-Stehens, dieser Abstand gegenüber der eigenen denkerischen Leistung(verwandt, doch nicht identisch mit dem, was man in der Kunst die "schöpferische Distanz" nennt) macht dem Redner aber zugleich den Abstand seiner Hörerschaft gegenüber möglich, der erst ein fruchtbares Ergebnis seiner Ausführungen gewährleistet. Denn nicht allein aus akustischen Gründen spricht der Lehrer, der Vortragende von einem Podium aus und ist er durch eine gewisse, wenn auch nur meterbreite, Spanne Raumes von seinem Auditorium getrennt: Mit seinem exponierten Platz wird ihm zugleich unmissverständlich der Rang eines Führers seiner Hörerschaft zugewiesen. Dieses Zugeständnis ist geeignet, im Hörer von vornherein die günstigen Voraussetzungen für die Erreichung der lehrhaften Absicht zu schaffen, eine gewisse Bereitschaft und Willigkeit, sich belehren und ins Neuland der Erkenntnis führen zu lassen. Darüber hinaus aber muss diese Zugeständnis vom Redner nunmehr gerechtfertigt werden: Er muss den Suchenden, die an seinem Münde hängen, bestätigen, dass er selbst den Weg bereits weiß; er hat mit ihnen

keineswegs eine Forschungsgemeinschaft zu bilden, die in der Deutung irgend eines Sachverhaltes auf alle Möglichkeiten eingehen müsste – allenfalls kann er auf die Fülle den Lösungsversuchen hinweisen, die angestellt werden mussten, ehe die richtige Lösung gelang; wesentlich aber ist doch eben dies, dass er seinem Hörer die Irrwege erspart, die ihm selbst als Erkennendem vielfach nicht erspart geblieben sein mögen.- Es ist mithin allerdings der um der Forderung der Objektivität willen wichtige Abstand zur Sache, der dem Redner den in pädagogischer Absicht wichtigen Abstand zu seiner Hörerschaft möglich macht. Ist damit die Bedeutung dieses Momentes zur Genüge hervorgehoben, so macht sich doch alsbald die Notwendigkeit und Unerlässlichkeit jenes anderen geltend, das wir mit dem Worte „Kontakt" bezeichneten.
Es wurde bereits gesagt: Der Hörer eines Vortrages ist nicht in der Lage, den Fluss der Rede plötzlich anzuhalten; er kann dies ebenso wenig, um Nicht-Verstandenes durch Wiederholen zu besserem Verständnis zu bringen, wie um unzureichend Begründetes zu überprüfen. Der Hörer ist darnach also nicht in gleicher Weise zu einer kritischen Stellungnahme befähigt wie der Leser. Darin könnte man einen Nachteil des gesprochenen Wortes dem geschriebenen gegenüber – wenigstens auf wissenschaftlichen Gebiete – sehen, stünde diesem Momente nicht gegenüber, dass der Redner seine Auffassung persönlich und leibhaftig vor seinem Publikum vertritt, während der Autor seiner Leserschaft unsichtbar und vielfach völlig unbekannt bleibt. Dies aber ist von der größten Bedeutung – eben hierhin tritt Rang und Wert der Rede als einer geistigen Leistung eigenen Gepräges zu Tage. Wie in jeder sittlichen Handlung und wie etwa auch in der Leistung des Schauspielers verbindet sich in der Rede Sachliches und Persönliches zu einer neuen Einheit, einer Einheit, die auf Grund der integrierenden Bedeutung des Persönlichen einmalig und – zum Unterschied von der Leistung etwa des Dichters oder Musikers nicht festzuhalten ist, worin denn auch begründet liegt (wenn wir die schauspielerische Leistung besonders heranziehen), dass die Nachwelt dem Mimen keine Kränze flicht.
An dieser engen Verbindung des Sachlichen und des Persönlichen

ist es gelegen, dass wir beim bloßen Lesen einer Rede trotz de Möglichkeit, kritischer und selbständiger Stellung zu nehmen als der Hörer, diese Rede nie ganz ausschöpfen: Wohl nehmen wir den Gedankengang zur Kenntnis, wohl beeindruckt uns die Zwingende kraft der Beweisführung, die blendende Diktion – den Zauber der Persönlichkeit des Redners aber verspüren wir nicht, nur angedeutet und vielfach gebrochen kann er hier wirken, nicht aber in der unmittelbaren und begeisternden Weise wie auf den Hörer selbst. Es handelt sich hierbei um etwas, was man wohl mit dem Worte „Ausstrahlung" umschreiben könnte; wie gewaltig diese auf den einzelnen wirken kann, geht aus tausendfältigen geschichtlichen Zeugnissen hervor – am deutlichsten freilich da, wo den Redner eine mehr moralische als lehrhafte Absicht leitete. So sprachen es etwa Hörer von Fichtes „Reden an die Deutsche Nation" aus, dass sie vielfach außerstande waren, den Gedankengängen des Philosophischen zu folgen, dass aber dessen ungeachtet die sittliche Wirkung der Reden auf sie eine ungeheure war. Indessen kann sich dieses Moment der persönlichen Ausstrahlung auch im rein wissenschaftlichen Vortrag geltend machen, und im guten Vortrag ist es tatsächlich immer zu bemerken, handle er nun von mittelalterlichem Stadtrecht oder von Fragen der Atomphysik. Denn das ist das Entscheidende bei dieser Wirkung der Persönlichkeit des Redners, dass das Persönliche nie nur als solches wirkt, dass es vielmehr gerade insofern zur Geltung kommt, als es durch die innige Verbindung mit dem Sachlichen geläutert und erhöht erscheint; es bleibt also persönlich, ist darum aber keineswegs subjektiv – in der Bindung an das Objektive verschafft es sich vielmehr die höchste Erfüllung und Steigerung, verschafft es sich eine Würde, kraft deren es für die Hörer zum Beispiel wird. Dieses Beispiel aber ist es, was den Hörer und Lehrling zuerst dazu bewegt, den Fuß in das Neuland der Erkenntnis zu setzen, was den philosophischen Eros in ihm weckt – die Sache selbst fesselt und fasziniert erst den, der die ersten Schritte schon hinter sich hat, der den Geist und das innere Gesetz der Wissenschaft soweit erfasst hat, dass er auch dem gegenüber, was ihm an und in ihr noch an Unbekannten begegnet, des Führers nicht bedarf.

Die mitreißende und begeisternde „Ausstrahlung" eines bedeutenden Mannes und Vertreters einer Wissenschaft, durch die im Hörer der Eros wachgerufen wird, der ihn dem Meister nacheifern lässt – das wäre das Moment, das wir mir Kontakt bezeichneten, freilich zunächst nur der Kontakt des Redners mit seiner Hörerschaft. Dieser Kontakt aber beruhte, wie gezeigt wurde, auf der innigen Verbindung von Persönlichen und Sachlichen in der Person des Redners, also wohl gleichfalls auf einer Art von Kontakt, mit der der oben aufgestellten Forderung ja wohl Genüge getan wäre. Steht nun aber diese innige Verbindung, diese Durchdringung von Person und Sache im Geiste des Redners nicht im Widerspruch dazu, dass dieser über seiner Sache stehen, dass er Abstand zu ihr haben soll? Hier gilt es sich daran zu erinnern, das jegliche Wissenschaft bei aller Vielfalt der Fragen und Forschungsrichtungen, die in ihr gründen, vor allem eines zu sein hat: Ein System, ein Ganzes. In diesem System ist keine Frage denkbar, die nicht andere Fragen zur Voraussetzung hätte, und die nicht mit ihrer Lösung selbst die Voraussetzung zu neuen Fragen abgeben könnte. Von einer jeden gehen Beziehungen mannigfacher Art zu einer jeden anderen. Daher kann dasselbe wissenschaftliche Problem, kann derselbe Gegenstandsbereich im Laufe eines der Forschung gewidmeten Lebens zu verschiedenen Malen entscheidende Bedeutung gewinnen, je nachdem, von welchen Voraussetzungen aus der Forscher daraufhin geführt wird, jedenfalls aber wird keine Frage damit, dass sie einmal beantwortet ist, nunmehr gleichgültig und bedeutungslos. Im Gegenteil – je weiter die Grenzen des Arbeitsfeldes gesteckt werden, desto mehr Licht fällt auf jede Einzelfrage, nicht eben als auf eine solche sondern als auf ein Glied in dem ganzen gewaltigen System. So ist es also durchaus denkbar, ja notwendig, dass ein Historiker die machtpolitischen Zusammenhänge lückenlos beherrscht und kennt, die dem Zeitalter Friedrichs des Großen und der Maria Theresia das Gepräge gaben; es sind keine Quellen nachweisbar, aus denen sich ihm noch Neues zur Feststellung der geschichtlichen Tatsachen ergäbe – und insofern steht er, wenn er dieses Zeitalter seiner Hörerschaft vergegenwärtigt, allerdings über seiner Materie. Andrerseits ist diese damit für ihn noch keineswegs erledigt und abgetan: Neue Fragenstellungen und Gesichtspunkte können gerade diesen einwandfrei festgestellten Tatsachen erneut Bedeutung verleihen, sobald es etwa um den Beitrag zutun ist, den das gekennzeichnete Zeitalter geleistet hat, das alte Reich vollends zur Auflösung und zum Zerfall zu bringen und zugleich Ansätze zur Schaffung des neuen Deutschen Reiches zu bilden. Daher wir das Rein-Tatsächliche auch dem Lehrer bei immer wiederholte Vortrag nur dann bedeutungslos und gleichgültig, wenn er den Blick nicht über es und zu Gesichtspunkten erheben kann, von denen aus es in immer wechselndem Lichte erscheint, von denen aus ihm immer erneut geschichtliche Bedeutung zugestanden werden muss. Ist er aber fähig, solche Gesichtspunkte zu erfassen, so wird er bei allem Abstand zu dem Spezialgebiet, von dem er als Lehrer und Redner zu handeln hat, nie den Kontakt, die innere Beziehung zur Sache verlieren – und damit erst wird er fort und fort die geistige Kraft und Fähigkeit in sich entwickeln und erneuern, auf seine Hörer zu wirken, sie anzuspornen und mitzureißen und durch das persönliche Beispiel seines eigenen heiligen Eifers im Dienste der Erkenntnis zu gleich eifervollem Dienste zu begeistern.

So ergänzt in der Tat die Regel, die der Redner um der sachlich-einwandfreien Darstellung willen zu wahren hat, diejenige, die sein Verhältnis zur Hörerschaft bestimmt: sein Über-der-Sache-Stehen ermöglicht ihm den pädagogisch wichtigen Abstand zu seinen Hörern, während ihn sein inneres Ergriffensein von der Sache den Kontakt mit ihnen finden lässt. Es sind mithin keine einander heterogenen Prinzipien, die die Rede aufbauen, keine verhängnisvolle Doppelrichtung stellt die innere Einheit dieser in Frage, und was eingangs über die notwendige Wechselbeziehung des Gedanklichen und der Gemeinschaft ausgeführt wurde, erscheint gerechtfertigt. Damit erfährt einmal mehr jenes Privatissimum über die Kunst der Rede seine Bestätigung, das Faust-Goethe dem Famulus Wagner hält: Im Prinzip bedarf es gar keiner anderen Rücksicht, wenn nur in der Darstellung der Sache selbst genug getan und dem Anspruch der Objektivität Gerechtigkeit widerfahren ist, bedarf es keiner

„Reden, die so blinkend sind". Die Wahrheit, an die es die Lernerden heranzuführen gilt, spricht ihre eigene Sprache, vernehmlich und verständlich genug denen, denen es überhaupt beschieden und vergönnt ist, sie zu erkennen – denen aber, die hiervon ausgeschlossen sind, kann auch die üppigste rhetorische Draperie nicht helfen!

„Sei er kein schellenlauter Tor!
Such er den redlichen Gewinn!
Es trägt Verstand und rechter Sinn
Mit wenig Kunst sich selber vor."


Jena, den 20.3. (1937)
Liebe Mutter!
Habe vielen Dank für Deinen langen Brief und für die leihweise überlassenen Bücher, Abzüge in kleinerem Format habe ich ja schon - wenn ich drängelte mit dem Geld, musst Du nicht übelnehmen. Ich weiss ja, dass Du es damit leicht hast. Aber ich hatte so etliche kleine und mittelgrosse Obliegenheiten, Frau Theil kriegte noch zehn Mark von den 75, die wir für den Monat vereinbarten, Wäsche stand aus, der Buchhändler u.a.m. - und ich bin allmählich recht abgearbeitet, da wurde ich halt nervöser als angebracht. Ich möchte Dir aber einen Vorschlag machen, wenn es Dir schwer ist, postnumerando Geld zu bekommen und pränumerando zahlen zu müssen, so gleiche doch vielleicht bei mir ein für alle mal dadurch aus, dass Du vielleicht für April Geld von meinem Sparkassenguthaben schickst und Dich selbst für diesen Monat nicht belastest! Du dachtest, wie Du mir an Weihnachten sagtest, sowieso daran, auf diesen Fonds zurückgreifen zu wollen, um mir die letzte Studienzeit zu bezahlen - schaffe Dir ein für alle Mal so Luft, dann bist Du die nächste Zeit nicht so schrecklich knapp! - ich brauche ja nicht sehr viel ausser der Pension eben für Seife, Porto usw. Aber alles in allem läppert es sich doch zusammen.

Was Du von Hildegund schreibst, freut mich sehr, da wird sie allmählich ihre lange dauernde miese Stimmung überwinden. Auch dass sie was verdient, ist schön. - ich wollte noch zu dem Punkt Cohen schreiben. Der ist freilich die härteste Nuss in meiner Arbeit, und es wäre ein grosses Zeitersparniss, ihn fallen zu lassen. Aber einmal ist bei der Art meiner Themenstellung die Rücksicht auf ihn unerlässlich. Ich will das angefangene nicht weglegen, es muss durchgehalten werden. Aber Du spielst mit deinen Bedenken auf etwas anderes an. dabei ist nun zu sagen: Zunächst mache ich die Arbeit als Examensarbeit. Zu diesen Zweck hat Bauch sie angenommen, da ist die ganze Disposition gut und zweckmässig, vor allem nun, wo ich Heidegger fallen liess
und mir Max Wundt vornehme (der kommt nach Cohen dran). Nun muss freilich die Arbeit um den Titel zu erlangen, gedruckt werden. Und da wäre Dein Bedenken berechtigt, wenn ich den Abschnitt über Cohen mitdrucken lassen wollte. Es gibt da aber die wirtschaftlich sehr günstige Möglichkeit der Teildrucke also etwa: Nur Bauch, oder nur Riehl - damit gehe ich der Bedenklichkeit aus dem Wege. Ich verliere dabei nichts, denn i.allg. tut man mit Inaugural-Dissertationen doch keine grosse wissenschaftliche Wirkung. Es gibt nur ganze wenige, die durch ihre Dissertationen bekannt geworden sind: u.a. Schopenhauer! Heute nachmittag war ich bei einem sehr nettem philosophischen Kaffeeklatsch. das tat gut, nach langen Wochen des Selbstgespräches mal wieder gemeinsam Problem wälzen zu können. O, und man sieht, was einen noch für Aufgaben erwarten, Philosophie ist ein reiches Gebiet und gibt, recht betrieben manche tiefe Beglückung!- Ich fahre Donnerstag. Ein Brief kommt erst zu Ostern, aber bis dahin vielleicht noch eine Karte. Ich wünsche dir sehr, dass das Osterfest für dich und die liebe Großmutter nicht allzu traurig sein möge. Gute Besserung für Lulu. Viele herzliche Grüße dein Wolfgang

Jena den 23. März /37

Liebe Mutter!
Hier und, wie man hört, auch sonst im Reiche ist es denkbar unösterlich- scheußliches Novemberwetter. Trotzdem will ich dir heute zum Fest schreiben und frohe Frühlingstage wünschen, auch darum, weil sich der Anzug der Ferien in der Weise meldet, dass es auf einmal nichts mehr mit dem Schaffen ist. Heute wenigstens bin ich nicht brauchbar für Erkenntnistheorie. Manchmal hat man solche Tage, nach dem man lange Zeit mächtig im Zug war- da will es nicht fördern. Was ich heute Morgen während der vier Stunden im Seminar getippt habe ist nicht weit her. Dann versuche ich nicht es zu erzwingen, sondern treibe was, wozu ich mehr Kopf habe. - als da z.B. ist Briefe zu schreiben. Heut Abend gehe ich vielleicht mal ins Kino, das habe ich mir seit Weihnachten noch nicht gegönnt und ich bin z.Z. wohl situiert, die Großmutter hat mir fünf Mark geschickt, die kamen gestern mit einem lieben Brief von ihr und von Hildegund. (…) Der Cohen ist inzwischen zwar erheblich gefördert, aber fertig leider noch lange nicht. Ich nehme ihn mit nach Dresden, um ab und zu ein wenig rein zu gucken. Viel will ich aber in der Woche nicht tun, sie soll hauptsächlich dem ausspannen dienen, freilich einen wie ich mir wünsche, tätigem Ausspannen, nicht etwa der Faulheit ! Da hast du ganz Recht mit dem was du schreibst. Ich wünsche dir recht schöne Ostertage- sehr „fröhlich" wird es ja nicht sein, dieses zweite Ostern, wo du uns nicht den Has legen kannst. Und du wirst zu tun haben, dass Du die Großmutter nicht in allzu trübe Stimmung kommen lässt. Hoffentlich macht dir das Malerbüchle (?) eine rechte Freude! hast du mir meinen Vorschlag mit dem Sparkassenfonds überlegt? Auf ersten April hast du sowieso deinen Hauptzahltermin, und da ich im April dreißig Mark mehr brauche als gewöhnlich, die nicht amtlichen Gebühren beim Belegen), wäre es wohl ratsam darauf einzugehen. - Hier ist seit gestern Carli, der Konditor im Hause. Am vierten April rückt er in den Arbeitsdiensts ein. Die freien anderthalb Wochen bis dahin lern er noch Autofahren. Und genießt es, mal wieder Zeit für sich

zu haben. - Wolfgang Sommer schließt seine Militärszeit mit einer Art Übung ab, um R.-O.-A. zu werden; nächstes Semester studiert er dann weiter. Das freut mich, mit ihm hatte ich manches fruchtbare und bereichernde Gespräch. Aber ich habe die saure Pflicht ihm bei seiner Entschlusslosigkeit und Nervosität auf die Seele zu knien, dass er endlich mal energisch auf irgend einen Abschluss hinstrebt. Bislang hat er in X-Fächern acht Semester lang rumgeschnüffelt und nirgends was rechtes geleistet, dabei wird er fünfundzwanzig. Was macht der Garten? Und der Lesekreis? Viele herzliche Grüsse

Ostermontag

Liebe Mutter!
Vielen dank für das Osterpaket, insbesondere für den speziell für mich bestimmten Inhalt desselben! Ich habe mich auch heute bereits damit geschmückt.
Ich habe hier, wie immer, wenn ich hier bin, ein sehr gutes Leben mit Ausflügen im Auto, Rad und Schusters Rappen, Ausschlafen und Vorbereitungen aller Art: Mittwoch Abend ist Kätchen von Heilbronn in Aussicht genommen *(...gekürzt)* - Auf der Fahrt hierher unterbrach ich in Leipzig sechs Stunden, dass war sehr fein. Noch am Vormittag geriet ich in eine Probe für die Matthäus-Passion in der Th-Kirche, dann machte ich einen sehr unterhaltsamen Bummel durch Leipzig, trank in Auerbachs Keller ein prima Bier und war um zwei Uhr zu einer herrlichen Reger-Kantate „O Haupt voll Blut und Wunden". Gänzlich zufälligerweise traf ich da eine ehemalige Jenaer Studentin und den jüngeren Bruder meines Freundes Sommer, das gab dann einen hübschen Kaffeeabschluss, und Klaus Sommer fuhr in meinem Zug mit nach Dresden. - Hier war ich seither in einer Gemäldeausstellung, dann am Ostersamstag im „Te deum" ; morgen gehe ich den ganzen Vormittag mit Johannes und Gisela in die Gemäldegalerie. - Ernsthafte Gespräche über Philosophie wie über Politik wie über beides mit Onkel Walther und heute mit seinem Schwager in Hellerau. -
*(...gekürzt)* Onkel Walter grüßen, sie sagen sie hätten ein schlechtes

Gewissen von wegen Briefschulden dir gegenüber. Sie sind aber beide zeitlich knapp daran. (…) Am ersten April Abend muss ich wieder in Jena sein, der Fahrkarte wegen- es gefällt mir so gut hier, dass ich das sehr bedaure, aber nu helpt dat nix (…) Leb wohl viele herzlich Grüße.

*Schreibmaschinengeschrieben*

Jena, den 7. April. 37
Liebe Mutter!
Habe vielen Dank für das viele Geld und für Deinen Brief!
Es ist jetzt zu Semesteranfang viel in Schwung zu bringen, sonst hätte ich Dir schon früher geschrieben.- *(…..gekürzt)-* Gestern kriegte ich vom Buchbinder das neue Kantbuch, das mir meine Stundengeberei eingebracht hat, es sieht fabelhaft aus und bildet eine neue Zierde meines Bücherschaftes - der ist überhaupt mächtig gewachsen in den anderthalb Jahren, die ich jetzt in Jena bin. - Neulich sprach mich mal Bauch auf das (politische) Cohen-Problem an, ihm war noch gar nicht aufgegangen, wie riskant eine Publikation wäre; wir haben uns dann gemeinsam einen Titel überlegt (für den Teildruck) in dem auch der Name Cohens nicht genannt wird - es liegt ihm natürlich nicht daran, dass gedruckt werde, dass in seiner Schule über Juden gearbeitet wird. Und wir fanden auch eine ganz unverfängliche Überschrift: Wandlungen in der Auffassung der K.r.V. vom Neukantianismus zur Wertphilosophie! Es ist ihm allerdings leid, dass unter so beschaffenen Umstanden an eine Gesamtpublikation zunächst nicht gedacht werden kann, denn er meint, das Thema sei sehr interessant und verlange geradezu eine Monographie. Na - zunächst ist es ja noch gar nicht so weit. - Bauch hat mir begeistert von seiner Ungarnreise erzählt, da hat er in Budapest und in Szeged Vorträge gehalten und ist
sehr gefeiert worden. - Jetzt Kaffee und dann Jerusalem - Seminar!
Einen schönen Sonntag! Und viele herzliche Grüsse!

*Briefe Bruno Bauchs im Winter 1938/1939*

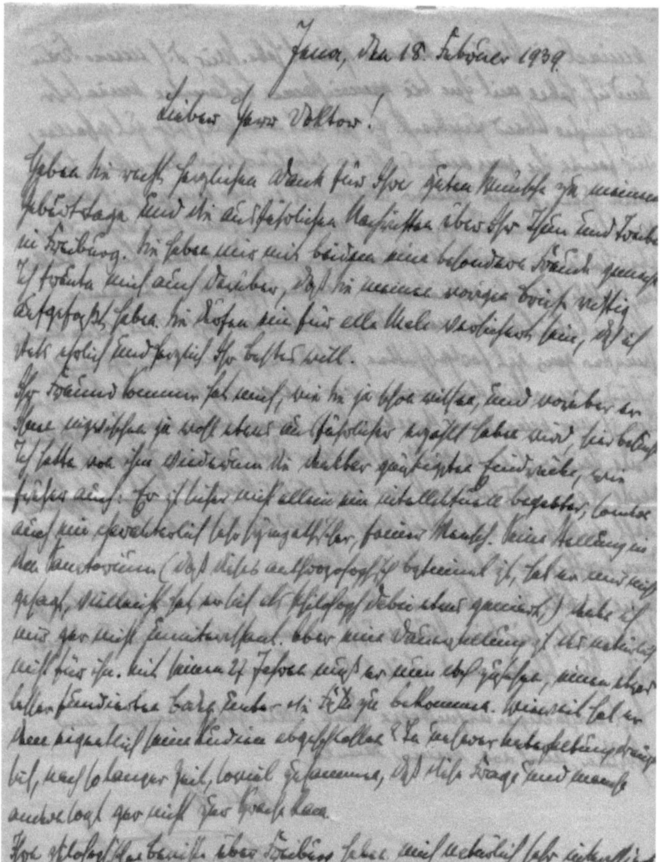

Jena, den 18. Februar 1939

Lieber Herr Voltow!

Haben Sie recht herzlichen Dank für Ihre guten Wünsche zu meinem Geburtstage und die ausführlichen Nachrichten über Sie, Ihre und Iwahns in Freiburg. Sie haben uns mit beiden eine besondere Freude gemacht. Ich freute mich aber darüber, daß Sie meinen vorigen Brief richtig aufgefaßt haben. Sie können sie für alle Male versichert sein, daß ich stets ehrlich und herzlich Ihr bester will.

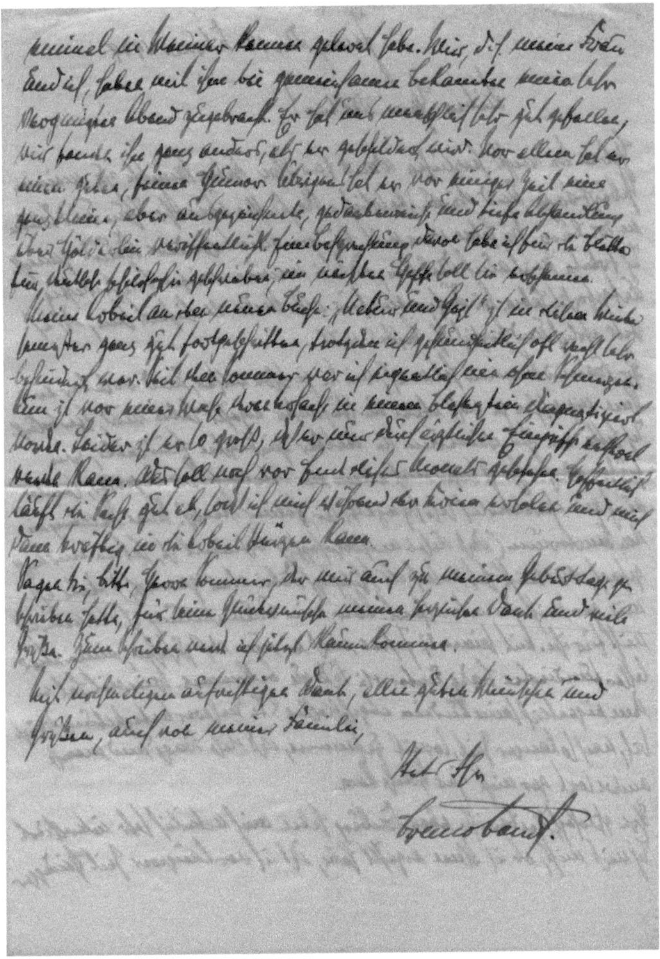
einmal in [illegible] Kammer gelesen habe. Wir, d. h. meine Frau und ich, haben mit ihm bei gemeinsamen Bekannten einen sehr vergnügten Abend zugebracht. Er hat uns menschlich sehr gut gefallen, wir fanden ihn ganz anders, als er geschildert wird. Vor allem hat er einen guten, feinen Humor. Übrigens hat er vor einiger Zeit eine ganz kleine, aber ausgezeichnete, gedankenreiche und tiefe Abhandlung über Goethe in den Veröffentlich. [illegible]. Davon habe ich für die Blätter für deutsche Philosophie geschrieben; im nächsten Hefte soll sie erscheinen.

Meine Arbeit an dem neuen Buche: „Natur und Geist" ist im diesen Wintersemester ganz gut fortgeschritten, trotzdem ich gesundheitlich oft recht sehr behindert war. Mit dem Sommer war ich regelmäßig [illegible] Schmerzen. Nun ist vor einer Woche [illegible] in unserer Klinik [illegible] worden. Leider ist er so groß, daß er [illegible] Eingriffs entfernt werden kann. Das soll noch vor Ende dieses Monats geschehen. Hoffentlich läuft die Sache gut ab, [illegible] ich mich während der Ferien erholen und mich dann kräftig an die Arbeit machen kann.

Sagen Sie, bitte, Herrn [illegible], der mir auch zu meinem Geburtstage geschrieben hatte, für seine Glückwünsche meinen herzlichen Dank und viele Grüße. Ihm schreiben werde ich jetzt [illegible].

Mit nochmaligem aufrichtigem Dank, allen guten Wünschen und Grüßen, auch von meiner Familie,

Ihr

Bruno Bauch.

*Tagebuch der Mathilde Fath*

Oktober – November - Dezember 1938.
Die unstimmige Chronologie wurde beibehalten.
Laut dem Jahreskalender 1938

<u>Mittwoch</u> 26. Wolfgangs Stube gerichtet.
<u>Donnerstag</u> 27. Bei Prof.S. Gute Nachricht von Siegfried u.Gretel.
<u>Samstag</u> 29. Friedhof, trüber Tag. Großfeuer in Marseille.
<u>Sonntag</u> 30. Morgens bei P.
<u>Montag</u> 31 • In die Stadt einkaufen, ital.Salat zum Empfang v.Wolfgang.

<u>November 1938</u>
<u>Dienstag</u> 1. Spaziergang mit Wi., Mittags Ruth, die
Klavier bei mir übt, und hilft, den Wolfgang empfangen.
<u>Mittwoch</u> 2. Kranz im Pfauen, Wolfgang auf m.Theaterplatz.
<u>Donnerstag</u> 5. E. zum Abendessen.
<u>Freitag</u> 6.. Krautwickel für Wolfgang gemacht, mit .Frl. G
spazieren. Mittags in den schönen Film „Heimat" von
Sudermann.
<u>Samstag</u> 5. Friedhof, Mittags im Garten. Wolfgang liest
mir vor.
<u>Dienstag</u> 7. Viele liebe Briefe an dem traurigen Tag.
Besuch von R.
<u>Mittwoch</u> 8. Des l.Walthers Geburtstag. Hildegard hat mit
ihrem Chef die Fahrt durchs Sudetenland machen dürfen.
<u>Donnerstag</u> 9. Päckle nach Berlin und Hildegund. Mittags
Näherei. Dazu Besuch Frau R., S., R., Schr. u. Sieben.
<u>Freitag</u> 10. Sehr schöner Gang mit W., Himmelreich,
Wolfssteige zurück Eschbach. In Paris hat der Jude Herschel
Grünspan den deutschen Legationsrat Ernst von Rat erschossen.
In der Nacht werden in deutschen Städten, auch Freiburg, die Synagogen verbrannt. Am 9.Namensgebung des „Wolf Rüdiger Hess"

im Beisein des Führers.
Samstag 11. G. hilft Adventsketten machen.
Sonntag 13. Schöner Gang nach Langacker, erst mit G. u.B., nachher mit W., Kaffee im Freien, Wolfgang mit
Ruth, Kandel.
Montag 14. Kartoffel kommen, Uhrmacher, Mittags Friedhof mit schönen Astern aus dem Garten, Eh.
Dienstag 15. Besuch vom „Körnle". Wolfgang ausgefüllten Arbeitstag. Kranz im Pfauen, immer noch Sträußle.
Freitag 18. Beamtenbank, Linoleum gekauft. Telefon mit Hildegard.
Samstag 19. Mathilde Ku., wie immer schwer gestimmt.
Sonntag 20. Trüber Tag, schöne Bachmusik am Radio. Mittags mit G. Adventsketten gemacht.
Montag 21. Regen, Sturm, Abends Gewitter. Karte v.Siegfried.
Dienstag 22. Wolfgang kriegt ein Linoleum, Kranz im Kopf.
Mittwoch 25. Warmes Föhnwetter, Mittags bei L.
Donnerstag 24.Mittags bei Frau Risse.
Freitag 25. Lange mit Frau Schü. ausgesucht, dann zu
Dr.E.
Samstag 26. unruhiger Tag, Oleander kommen in den Keller. Abends mit Wolfgang ins Schiff.
Sonntag 27. Warmer, sonniger Tag. Mit G. und L. über den Schloßberg.
Montag 28. Gärtner u.Schö. Wir putzen das Wohnzimmer.
Dienstag 29. Mittags im Kopf. Geschenk von Schue.
Mittwoch 50. Morgens Kränze geholt, dann kommt G.P., nach Tisch bis Abends Ruth M., unruhiger Tag.

Dezember 1938

Samstag 10. Ich schreibe unentwegt 3 Tage lang Dankpost, richt nur zwischen hinein für Wolfgang und mich das Essen.
Sonntag 11, Wir gratulieren Frau M. zum 60.Geburtst.
Montag 12. Beamtenbank, Si. bezahlt, den ganzen Mittag geschrieben, Abends Äpfel von Wisi ausgepackt, Wolfgang liest mir Timmermanns.
Dienstag 13. (Guzel gebacken, Mittags Kopf, Brief an Siegfried. Kuchen von Frau Dr.. M.
Donnerstag 15. Gebacken, eingekauft. Mittags Pfauen, Abends Schokolademuscheln.
Freitag 16. Paket nach Berlin gemacht. Geld zu Horr für Frl. Hen.

Samstag 17. Walther Sieben ist mittags u.abends bei uns, er lebt mit seiner Frau in Bern. Er möchte sein Geld haben, bekommt aber in Deutschland nichts herausbezahlt.

Sonntag 18. Große Kälte mit eisigem Ostwind. Wolfgang geht mutig los, bei mir sitzt die erfrorene Ruth M, übt arg Klavier.
Montag 19. Engler zum Abendessen, Morgens bei Schnee in die Stadt.

*Bild der Thilde Ritzel, aufgenommen auf einer Fahrt mit der Familie Sieben, ehemaliger Pensionär der Fam.Fath, Arzt in Bergzabern*

Sonntag vor 14 Tagen waren sie weit von Kinstern von einem chirurgischen Kongreß mit Eltern, jetzt Arzt in Berggieß- zu einer feinen Autofahrt einge gehabt, Tiefenbrunn (Chaufsohn von Schmidlin u. Lukas kamen. Schmidleins sei schnell- Fall) reist dann weit an Stope, entsetzliches schreckliches Sprötte mit Koppelers Schreibtaus u. störten Krankheiten. Es waren viele alte Täuserzkollege gekommen, darunter auch ver unbekannte. – Die Kinder waren sehr begeistert, Wolfgang war sehr, besonders wegen Zehmsgeu Brüder des Zeidens.

sie ist in gam schnellem, ich habe noch

*Brief des Walter Sieben*

**Dr. med. W. SIEBEN**
prakt. Arzt
**LOTZWIL**

Lotzwil, 22. XII. 1949.

Liebe Thilde !

Das ist ja wirklich ein betrüblicher Brief! Aber er enthält doch die erfreuliche Mitteilung, dass Du wieder Grossmutter eines gesunden Mägdleins geworden bist. Das erscheint mir als eine schöne Insel in dem Trübnismeer. Ich gratuliere Dir sehr herzlich dazu. Schön ist auch, dass Deine Hände nicht mehr geschwollen sind und,- wie ich hoffe-, nun auch nicht mehr schmerzen. Auch das ist ein Gratulationsgrund. Dicke Backen mit Watte darüber stelle ich mir höchst unangenehm vor. Mir passiert sowas nicht mehr. ( 1944 liess ich mir mein "Esszimmer sanieren und neu möblieren"). Kann Dir nicht ein tatenfreudiger Zahnarzt helfen?

Schwieriger scheint mir der Zustand mit Deiner Schwiegertochter Hanna zu sein. Nach heutiger Lehrmeinung ist fast jede Rippenfellentzündung die Aeusserung einer Tuberkulose, die allerdings so gering sein kann, dass sie der obj. Untersuchung entgeht. So liegt der Grund des Nichtstillens vermutlich in der Rücksicht auf die mütterlichen Kräfte. Bleiben diese vorhanden, so kann die unsichtbar bestehende Tuberkulose ohne je Erscheinungen zu machen glatt ausheilen. In Schwangerschaft und Wochenbett kan eine Rippenfellentzündung aber auch einmal durch eine kleine Lungenembolie bewirkt werden. Das ist dann natürlich ganz harmlos. Doch wer will die beiden Dinge mit Sicherheit auseinander halten. So ist man im Zweifelsfall natürlich vorsichtig.

So ganz im Grunde wundre ich mich übers Geldausschmeissen ja garnicht. Als Beweis für solche Neigungen brauche ich nicht Schoppenhauer, da langt mir der Sieben. Wenn ich früher mit aller Intensität gespart hatte, so floss das Ersparte bei einem Ausflug ganz plötzlich ganz akut dahin. Niedergehaltene Bedürfnisse haben das Bedürfnis nach explosiver Befriedigung.

Was wir die letzten Jahre aus den Mündern von Deutschen hörten, das das hatte erst "alles" nach dem Krieg erfahren. Nun haben wir wieder ein deutsches Dienstmädchen aus der Gegend von Heidelberg. Das ist nun ganz erstaunlich. Nichts weiss sie als Greuel: Konzentrationslager, Zuchthäuser und Meutereien am laufenden Band( Wie seltsam ist es doch, dass verschiedene Kreise über ein Jahrzehnt zusammen leben u. arbeiten u. keiner ahnt von der Welt des andern etwas.

Meine Praxis ist die letzte Zeit sehr still. Der letzte Sommer wirkt sich gesundheitlich sehr deutlich aus Dazu kommt noch, dass sich im laufenden Jahre im 2 km von mir entfernten Langethal 3 Neuniederlassungen stattfanden, ohne dass ein Arzt abgegangen wäre. Das spüre ich natürlich auch unerfreulich. So ist man recht zufrieden, dass Alexander selbständig ist. Er hat eine höchst interessante Tätigkeit in Bern, die er nicht aufgeben möchte, wenn die Aufstiegsmöglichkeiten besser wären. Gerne möcht er in die Industrie hinüber wechseln. Aber leider baut die überall ab. Der ganze Osten ist für die Schweiz weggefallen und im Westen herrscht Devisenknappheit.

"ascha leidet viel unter Gelenkschmerzen, besonders beim Föhn. Ueber den wird hier überhaupt viel geklagt. Ich vermag seine Existenz höchstens aus den Federwolken am Himmel zu erraten. Er ist für uns der einzige Nachteil der Berge. Die Vorteile derselben genossen wir im Laufe des Sommers verschiedentlich in der Umgebung des Vierwaldstättersees. Die letzten Monate fuhren wir verschiedentlich nach Bern zu den münchner Kunstschätzen. Die Pinakotheken, die Glyptothek und das Nationalmuseum hatten ausgestellt. Mir tatens besonders die archaischen griechischen Figuren und der sinnefrohe Rubens an. Amüsant ist, dass einer deutschen Emigrantin in Bern der Nachweis gelang, dass die Amazonenschlacht gar keine Amazonenschlacht, sondern das 9. Abenteuer des Herakles ist und dass Castor u. Pollux garnicht die u. die rauben, sondern eine ganz andere Sache auf dem Bild vor sich geht. Auch im obern Stock mit den romanischen Altertümern ergaben sich solche Korrekturen. Im Grunde ist mir das grausig gleichgiltig. Aber es erstaunt mich doch immer wieder, wenn man nach Verlauf vom 10 Jahrhunderten Irrtümer feststellt und nach 4 Jahrhunderten herausbringt, was für Bücher in der Bibliothek des Rubens standen. Ein anregendes Buch fiel mir neulich in die Hände: Gebser, Abendländische Wandlung. Der zeigt sehr schön auf, wie durch die neuen Erkenntnisse auf dem Gebiet der Physik, der Biologie und der Psychologie sich unser Weltbild in den letzten 40 Jahren änderte. Wie schade, dass wir uns über den nahen Osten nicht ähnlich orientieren können.

Wie geht es Deinen Privatstunden ? Was macht Siegfried ?

Wir grüssen Dich u. die Deinen herzlich und wünschen Dir eine schöne Weihnacht u. ein gutes neues Jahr mit möglichst wenig Sorgen.

-Walter.

*Ausweisdokument der Rosalie = Ro Joosten*
*Kommuniziert vom Joodse Museum Amsterdam*

# Erziehung nach Montessori-Methode

### Prof. Joosten aus Holland sprach darüber in Oldenburg

Oldenburg. Es ist nun einmal so, daß der Lehrstoff in den Schulen meistens durch Bücher vermittelt werden muß. Um so schöner und interessanter war es deshalb für die Schülerinnen der Staatlichen Kindergärtnerinnen- und Hortnerinnen-Seminars, als Prof. Max Albert Joosten aus Holland in ihrem Kreis zwanglos aus seinem Leben mit und im Dienste der in diesem Jahr verstorbenen italienischen Pädagogin, Dr. Maria Montessori, berichtete. Seit Fröbel und Pestalozzi hat wohl kein Pädagoge das Erziehungswesen so nachhaltig beeinflußt wie diese italienische Ärztin, deren Bücher in über 20 Sprachen übersetzt und dadurch einer breiten Öffentlichkeit zugänglich gemacht wurden. Die Montessori-Methode, die schon im Kleinkind eine in sich geschlossene und sehr tätige Persönlichkeit sieht, wurde besonders in Holland begeistert aufgegriffen. Prof. Joosten war schon als Kind ein Montessori-Schüler. Seit 1933 lebte er im Kreise der Familie Montessori und wurde, neben dem Sohn Mario, einer der engsten Mitarbeiter der Pädagogin. Als sie 1947 mit ihm nach Indien fuhr, dehnte sich dieser Besuch für Max Joosten bis zum Sommer 1952 aus. In dem Land krassester Gegensätze zwischen märchenhaftem Reichtum und unvorstellbarer Armut bildete er Lehrkräfte im Sinne seiner eigenen Erziehung aus. Dabei standen ihm Paläste und Hütten offen.

Prof. Joosten ist fest davon überzeugt, daß der Weltfriede als Ausdruck unseres sozialen Lebens nur von innen aufgebaut werden kann. Deshalb muß den Kindern eine Umwelt geschaffen werden, in der sie sich als freie Menschen entwickeln können. Diese Erziehung sollte schon bei den Neugeborenen beginnen, da, so betont Prof. Joosten, ein Kind niemals als Demokrat oder Bolschewist, als Franzose oder Engländer geboren, sondern erst durch seine Umgebung dazu gemacht wird. Das war die Überzeugung Maria Montessoris, deren Schüler Prof. Joosten in diesem Winter auf Aufforderung der UNESCO nach Indonesien fahren wird, um dort für die Kinder und nicht zuletzt für den Frieden der Welt zu arbeiten.

EC

*Brief des Wolfgang Ritzel 1949*

Oldenburg, den 10. Januar 50

Meine liebe Mutter!

Ich bitte Dich sehr um Entschuldigung, daß ich Dir durch mein längeres Nicht-schreiben zur Beunruhigung Anlaß gegeben habe. Durch dieses verrückte Leben: Immer mit einem Fuß auf dem Sprung, um ins Krankenhau zu laufen, mit dem anderen Maschine schreibend und philosophierend ( sozusagen ) bin ich gänzlich aus der gewohnten Ordnung herausgekommen. Tatsächlich ist aber zur Sorge nun wohl gar kein Anlaß mehr; daß meine Grippe längst vergessen ist, ließ ich Dich ja mehrfach wissen - und bei Hanna steht auch alles sehr befriedigend; sie hatte schon mehrfach auch an den Nachmittagen unter 37, und gestern ergab sich bei der abermaligen Durchleuchtung ( nicht kit Fritz Reuters "Durchläuchting" zu verwechseln ), daß der Erguß ganz weg ist. Nun gilt es nur, Kräfte zu sammeln, und das wird nach Möglichkeit getan: Mit Eiern in Rotwein und anderen Herrlichkeiten mehr. Ich schnitt auf Hannas Bitten ( komischerwiese ist sie manchmal so schüchtern, daß sie selbst nicht fragen mag ) bei der gestrigen Visite die Frage eines ersten Aufstehversuches an - es wird wohl bald so weit sein!- Was bin ich froh, daß Du seinerzeit für Dich und uns Kinder in die Barmenia gegangen bist, und daß ich somit jetzt auch noch drin bin und Ansprüche geltend machen kann - verflucht teuer ist die ganze Angelegenheit!

Ich habe heute Vormittag das Manuskrupt endlich fertig gekriegt, an dem ich seit Wochen sitze ( weißt Du, die Ueberarbeitung meiner Dissertation ); nun bleibt mit wenigstens Zeit, mein Kolleg vorzubereiten; am Freitag gehts wieder los. Auch werde ich mich nun mit der Frau Zobus ins Benehmen setzen, die ich neulich, als Du mir ihren Brief übersandtest, bis Januar vertröstet habe. Und bei den lieben Bierstadter Verwandten werde ich nun auch auf die Tube drücken - mal sehen, ob was herauskommt aus der Tube.

Inzwischen habe ich die Leisegangsche Kritik meiner Arbeit, über deren Inhalt ich nur ganz summarisch unterrichtet war, erhalten - die haut bös auf die Pauke, aber das Positive bei der Sache ist, daß er doch als erster meine Arbeit der Lektüre ( und zwar der eingehenden ) gewürdigt hat. Ich schrieb ihm wieder und gab zu verstehen, daß ich mich durch seine kritischen Trompetenstöße nicht anschrecken lasse, und ob ich ihn im Frühjahr besuchen dürfe; nun bin ich sehr gespannt, wie das weiter geht.

Uebrigens fühlst nicht nur Du Dich postalisch vernachlässigt, sondern auch meine Hanna; Deinen letzten Brief, geschrieben nach Deiner Rückkehr von Karlsruhe, konnte ich ihr nicht zumuten ( Du hieltst Dich da über ihre Berufsmanie auf, das hätte sie nicht vertragen; die Manie selbst ist indessen jetzt, wo es ihr körperlich besser geht, auch nicht mehr so schlimm. Aber sie bekommt noch furchtbar leicht was "in den falschen Hals", daran merke ich eben doch, wie verbraucht und mitgenommen sie ist, und da muß ich ihr manches unterschlagen ).

Gestern war ich von der vielen Arbeit ein wenig durchgedreht - da entschloß ich mich, auf dem Weg zu Hanna einen größeren Umweg einzuschalten und richtig ein wenig zu bummeln. Das war ganz herrlich - es ist eine Luft hier, wie manchmal im März, ganz lau und mild! Heute will ichs wieder so halten.

Dir alles Liebe!

Dein Wolfgang.

*Bibliographie*

D.Adelmann, „Einheit des Bewusstseins als Grundproblem der Philosophie Hermann Cohens", in: Schriften aus dem Nachlass Bd1 Hrg: G.Hasselbach

J. Appelkahns „Heideggers ungeschriebene Poetologie"

H. Arendt, Macht und Gewalt, München 1970

M.Buber / F. Rosenzweig, Die fünf Bücher der Weisung, im Anhang: Martin Buber, Zu einer neuen Verdeutschung der Schrift, Lambert Schneider 1976

B.Bauch,
R.Breil / G.Wolandt (Hrg) in: Ostdeutsche Denker, Bonn 1992

Bauch, Briefe an Wolfgang Ritzel,

H. Blankertz, „Ethik und Ethos", Privatdruck.

A. Burckhardt, Soziale Akte, Sprechakte und Textillokutionen, 1986

C.J.Burckhardt, Meine Danziger Mission 1937-1939, München 1962

V.Dahm, Das jüdische Buch, 1997

Ref. J. Feldes Das Phänomenologenheim. Der Bergzaberner Kreis im Kontext der frühen phänomenologischen Bewegung, Diss. Prag 2013

M.Heidegger, Über das Wesen der Sprache, Gesamtausgabe Bd 85, Frankfurt 1999

Dr.J.John, Der Reformpädagoge Carl Theil in Weimar und Jena, in: „Weimar-Jena, die grosse Stadt", 2015

H.Jonas, Le concept de Dieu après Auschwitz, Paris 1994

I.Kant, Briefwechsel, Erster Band, Die Briefe von 1749 bis 1789, Leipzig 1924

Th.Karlauf, Stefan George, München 2007

Kress, Heideggers Umweltethos.

A.D.Kühn, in: Dresdner Hefte Nr51 – 15.Jhrg., 3/97,:
Alexander S.Neill in Hellerau – die Ursprünge Summerhills

H. Leisegang, Gnosis, Stuttgart 1985

A. Reinach, Über negative Urteile im Strafrecht, Nachdruck

H. Ritzel, über analytische Urteil, Halle 1916
H.Ritzel, Über die Relation der Ähnlichkeit (maschinengeschriebenes Manuskript in: Nachlass A. Pfänder, Staatsbibliothek München, online einsehbar)

W.Ritzel, Briefe 1933 – 1984 (in Privatbesitz)
Jugenderinnerungen „Gaudeamus igitur" (unveröffentlicht, Privatbesitz)
W.Ritzel ,Fichtes Religionsphilosophie, Stuttgart 1956
W.Ritzel ,Studien zum Wandel der Kantauffassungen, Meisenheim/Glan 1952

A. Schenker, Der jüdische Verlag, Tübingen 2003,

Sven Schlotter, Die Totalitarität der Kultur

U. Sieg, Geist und Gewalt, München, 2013

G. Scholem / W. Benjamn Briefwechsel, Frankfurt 1980

G. Scholem, Walter Benjamin, Geschichte einer Freundschaft, Frankfurt, 1975
G.Scholem, Jüdische Mystik, Frankfurt, 1988

W.Steiner, „Die Aufgabe des Denkens. Martin Heidegger und die philosophische Mystik", Dissertation Augsburg, 2006

L. Strauss, De la tyrannie, suivie de la correspondance avec A.Kojève, Paris 1997

J. Taubes, Vom Kult zur Kultur, München 1996

M. Theunissen, Negative Theologie der Zeit, Frankfurt 1991

Nachlass H.Conradt Martius, Bayrische Staatsbibliothek München
Nachlass Jean Hering, Médiatèque Protestante Strasbourg
Nachlass Hans Leisegang, Universitätsarchiv der FU Berlin